KB233614

북한 비즈니스 35계

풀빛

머리말

오늘의 우리는 참으로 힘든 세월을 살고 있다. 모든 것이 '급변(急變)'의 수준을 지나 '격변(激變)'하고 있기 때문이다. 과거 10년의 변화 폭을 요즘의 1년과 비교한다 해도 시원치 못할 정도로 체감되는 수준은 온몸을 뒤틀리게 만들 정도로 사람의 피를 말린다. 그런 시대 변화는 곧잘 이제 몇 년 앞으로 다가온 신세기(新世紀)의 문제와 중첩되는 경향도 있다. 2000년이 상징하는 의미는 너무 크다. 과거 100년과 1000년의 세월이 함께 고개를 넘어간다.

세기말(世紀末)의 격변(激變)은 예외 없이 우리에게도 다가온다. 광복 50주년에다 엄밀히는 분단 50년이 거대한 스크린에 비추어진다. 어느 한 쪽도 승리하지 못한 전쟁의 피해는 의외로 크다. 젊은 사람도 나이 든 사람도 이 시대의 괴로움을 함부로 정의 내리지 못한다.

세월이란 언제나 오늘 젊음을 내일의 늙음으로 변하게 할

뿐만 아니라 계속되는 사건들을 역사라는 책 속으로 묶어 버린다. 오늘 우리가 배우는 이 역사의 평가는 내일 어떻게 변할지 모를 일이다. 새로운 평가가 나올 수도 있다. 그래서 겸허한 자세의 '역사 맞이하기'가 무척이나 바람직하지만 쉬운 일은 아니다.

남북한의 분단은 과거 40여 년간 쌍방을 첨예한 경쟁과 갈등으로 점철되게 하였다. 이념 분쟁은 세계적인 냉전 조류와 맞물려 우리의 의사인지 아닌지를 파악 못할 정도로 깊숙이 우리의 사고 속에 자리잡고 있다. 어쩌면 우리도 이러한 역사의 희생자일 수 있다.

숱한 사람들이 동서독의 긴장과 한반도를 한 테두리로 묶으며 분단의 아픔을 이야기했지만 그렇다고 우리의 현실이 그들과 같을 수는 없다. 베를린의 장벽은 무너졌지만 휴전선 (休戰線)은 더욱 견고해진 틀을 유지하면서 우리의 발길을 잡아채고 있다. 누구의 잘못을 따지기 전에 서글픈 상황이다.

1990년대 세계의 가장 큰 변화는 두말할 것 없이 각국의 '이기주의'가 경제를 매개로 확산되고 있다는 점이다. 혹자는 세기말의 현상을 들어 또다른 전쟁 예비론을 들먹이기도 하지만 오늘의 시대는 과거의 권력 총구론(銃口論)을 벗어나 첨단의 경제 전쟁으로 확산되고 있다.

폐쇄되지 않은 국가라면 이제 세계가 관장하는 경제의 텃밭을 무시할 수 없다. 세계경제는 한편으로 단순화되면서도 내부적으로 더욱 복잡한 양상을 보인다. 문명의 이기가 주는 첨단의 과학 산물들은 우리를 몹시도 다급한 템포 속으로 내몬다.

남북한 관계도 '경제'라는 매개 변수가 앞서가고 있다. 1992~1995년 사이의 핵문제, 김일성 주석 사망, 쌀 회담, 북미간·북일간 수교협상으로 이어지는 다양한 정치 소사(小史)에서도 경협(經協)이란 주제는 빠져 있지 않다. 경제교류에 대한 기대는 통일론과는 달리 결과가 현실적으로 드러난다. 다양한 분야의 교감이 필요하겠지만 그것을 뒷받침해 줄 것은 역시 '실리(實利)'에 있다는 생각이 든다.

남한에게 북한문제는 유행가 가사의 "먼 곳에 있지 않아요……하지만 잡을 수 없네요."와 같은 안타까움으로 시작된다. 그나마 90년대 여러 질곡을 겪으면서도 약간의 비즈니스 왕래가 개시되는 것은 다행스러운 일이다. 한민족이라면 남녀노소를 불문하고 북한문제에 무관심하지 못하며, 운명과도 같은 역사의 굴레는 우리를 자유롭게 하지 않지만 그렇다고 피할 수는 더욱 없다.

딱딱한 주의(主義) 서적이 가져다주는 번거로움을 피해 보기 위해 '비즈니스'라는 지극히 현실적인 필요에 따른 경험과 나의 생각을 함께 구성해 보았다. 어느 한 쪽도 소홀할 수 없다 보니 작업은 무척 힘들었다.

'북한 비즈니스 35계'는 매우 초보적인 개념을 담고 있다. 물론 현실 접근에 기초한 것으로 내용 가운데 상당수는 반드시 한번쯤 되새겨 볼 필요가 있는 사항들이다. 비즈니스를 하건 하지 않건 이 정도의 내용을 간과한다면 아마도 신세대를 이해 못하는 구세대 만큼이나 서로의 답답함이 가중될 뿐이다. 보편적으로 36계란 도망치는 최후 수를 의미하므로 절대 물러설 수 없는 배수진(背水陣)으로써의 35계를 제목으로 삼는다.

대부분 기업에 있어 북한과의 '경제사업' 추진은 어떻게 접근해야 좋을지조차 모를 정도로 생소한 분야다. 남북 경협의 현주소를 뚜렷하게 설명해주는 자료도 많지 않다. 그래서 오리엔테이션 서적이란 의미를 둔 현실 개론서(槪論書) 정도로 이 책을 썼다. 보편성을 유지하려 했지만 일부는 개인적인 감상도 포함될 수밖에 없었음을 밝혀둔다.

책의 출간을 허락해 주신 도서출판 풀빛의 사장님과 김 주간님, 그리고 특별히 책의 선정부터 모양새 갖추기까지 애써 주신 강경수 부장께 감사드린다. 아울러 이 책은 21세기를 주무대로 살아야 할 나의 사랑하는 딸 명림(明林)과 조용한 말썽꾸러기 아들 기천(奇天)에게 좋은 선물이 될 것으로 믿는다.

1995년 10월

권오홍

C O N T E N T S

I장 가까운 땅, 먼 사람들

축구장과 야구장의 차이

남북한의 차이는 쉽게 보아 축구장과 야구장을 생각하면 된다.
축구장의 넓이는 차치하고 각 팀의 11명 인원과 감독, 코치, 심판,
그리고 관중들이 즐기는 게임과 야구장의 그것은 다르다. 단순히 매력 포인터가 문제가 아니다.
관중 중에는 축구와 야구를 동등한 무게로 사랑하는 사람이 있을 수 있지만 필드에 있는 선수들은 그렇지 못하다.
마이클 조던이란 걸출한 농구 선수가 야구장에서는 2류 선수로밖에 대접받지 못했고,
실제 그 이상의 능력을 발휘하지 못했다는 점을 잊을 수는 없다.

남·북한 간의 실물 개념 차이를 설명하기란 매우 어렵다. 민족적인 동질성, 이를테면 하나의 나라(一國)라는 점은 양쪽이 모두 동의하고 있는 바이긴 하나 서로 다른 체제로 살아온 분단(分斷) 50년이 가진 유동성을 해소하기란 결코 쉬운 과제가 아니기 때문이다.

이 문제는 단순하게 풀려지지 않는 본질 구조를 가진다. 차이점을 찾지 않고는 해법(解法)을 이야기하는 것 자체가 무리다. 개인적 삶에도 다양한 의식 등의 개별적 원형에 의

해 거대한 격차가 생겨나는데 하물며 국가라는 정치성 집단으로 분리되어 있는 현실은 더욱 그렇다. 본질의 차이는 시간이 지나면 지날수록 깊어져만 간다. 오랜 세월 전 인류의 모습이 어떤 것이었는지가 역사 속으로 숨겨지는 것과 마찬가지로 몹시 난망(難忘)한 날들이 아깝게도 자꾸만 지나가기만 한다.

지난 8월 북경(北京)에서 열린 남북통일학술회의를 끝내고 남북한 학자들이 소감으로 발표한 간략한 참가 후기들은 이를 여실히 반증한다. 모두 분단(分斷)의 질량(質量) 변화에 가슴 아파한다. 이중 몇 가지만 비교해 보아도 의외로 우리의 상호이해는 거의 초보적인 수준임을 알 수 있다. 오랜 세월이 지났지만 폭이 좁혀질 기회를 가지지 못한 것이 증명되는 셈이며 앞으로도 문제가 첩첩산중임을 나타낸다. 몇 가지의 말을 옮겨 본다.

"서울에서 출발할 때는 기대반 우려반이었으나……."

"합하자고 만난 자리니 잘해야 한다."

"남쪽에는 조선을 모르는 사람들이 너무나 많다."

"이번 학술회의는 남북통일을 진전시킬 수 있는 실질적 방안보다 통일 원칙과 모델을 둘러싼 원론적인 문제에 관한 토론에서 벗어나지 못했다."

"만남에 의의를 두었을 뿐 어떤 토론이 이뤄지리라는 기대는 적었다."

"열렬한 통일 염원을 갖고 회의에 참가했다."

"과연 통일 과업의 성과를 이룰 수 있을지 의문을 갖고 이번 회의에 참석했다."

"직접 만나는 것이 서로를 이해하는 데 최선의 길이라는 사실을 재삼 확인했다."

원론적인 이야기겠지만 남·북한 간의 통일은 거대한 실험 무대에 속한다. 어쩌면 성공하지 못할 수 있다는 우려를 가져야만 한다. 이 실험을 사람들은 너무 단순하게 생각하는 경향이 높다. 언젠가는 될 것이라는 막연한 낙관적 기대도 그중 하나다. 그러다 보니 말들이 지극히 주관적으로 흐를 수밖에 없다.

남북한의 차이는 쉽게 보아 축구장과 야구장을 생각하면 된다. 축구장의 넓이는 차치하고 각 팀의 11명 인원과 감독, 코치, 심판, 그리고 관중들이 즐기는 게임과 야구장의 그것은 다르다. 단순히 매력 포인터가 문제가 아니다. 물론 본질적으로 둘 다 스포츠이고 아기자기한 게임에서 보면 '즐거움을 주는 측면'은 같다고 볼 수 있지만 진행의 규칙은 결코 동일하지 않음을 간과해서는 안 된다.

더욱이 축구장의 뛰어난 골키퍼가 야구장의 안살림꾼인 포수 자리와 비견될 수는 있어도 맞바꾸어 트레이드 할 수는 없는 것이다. 센터포드와 투수도 그렇고 외야수와 풀백도 마찬가지다. 관중 중에는 축구와 야구를 동등한 무게로 사랑하는 사람이 있을 수 있지만 필드에 있는 선수들은 그렇지 못하다. 마이클 조던이란 걸출한 농구 선수가 야구장에서는 2류 선수로밖에 대접받지 못했고, 실제 그 이상의 능력을 발휘하지 못했다는 점을 잊을 수는 없다.

대체로 남쪽이나 북쪽 모두 자기중심적이다. 체제의 우월성에 대한 상호 강력한 주장은 서로를 멍들게 한다. 아적(我敵) 개념의 출발점은 냉전(冷戰)구도하에서 한층 공고화되어 있었다. ‘차가운 전쟁’ 속에 이타주의(利他主義)는 사라지고 없다.

세월이 흐르면서 경쟁 관계는 더 격화되었고 접점(接點)을 찾지 못하는 평행선의 세월이 50년이나 된 오늘 우리는 무엇을 해야 하는 것일까가 문제의 핵심으로 등장한다. 광복 50주년이 된 금년은 또 일과성의 행사처럼 숫자가 부여하는 미묘함, 설렘으로 인한 다양한 지면들이 꾸며지긴 해도 공허하긴 마찬가지라는 생각이 든다. 아마도 넓어지는 이질감이 깊어지기까지 하기 때문은 아닐지도 모른다.

서로를 맞추어 가는 개념의 정의가 필요하다는 것도 최근에야 나온 말이다. 민족이나 통일 등의 추상적이지만 가슴을 뜨겁게 하는 말들을 어느 만큼 현실화시킬 수 있을까의 문제에 속한다. 지금까지의 사고방식이 잘못되었다면 즉, 냉전 사고에 익숙해진 쌍방의 정책론자와 일반 국민들의 의식이 전환되려면 무엇보다 자신의 생각에 대해 한번쯤 검증하는 '용기'가 요구된다.

남북한의 모든 국민들은 각각 선수나 감독, 관중 혹은 기타 경기장을 관리하는 인원, 보도하는 기자 등등의 지위를 가지고 있다. 축구장 사람이 야구장에서 활동하는 사람을 이해하는 데는 싫고 좋음을 떠나 당위성을 현실화하는 방법 모색을 위한 강력한 추진이 선행되어야 한다. 어떤 이는 축구장과 야구장의 경쟁을 싫어하여 다른 스포츠를 좋아할 수도 있음도 어쩔 수 없는 현실이다.

그런 면에서 북한과의 비즈니스의 한 계율로 이해를 위한 사고의 전환, 내 머리 속의 고정관념 탈피, 상대에 대한 충실한 파악 등의 기본적인 문제가 지적되는 것이다. 축구장과 야구장은 우리에게 주어진 한 모델일 뿐이지만 그것이 상징하는 바는 매우 다양하고 복잡한 양상을 띤다.

우리는 이 둘을 합해야 하는 그야말로 '민족'으로써의 의

무를 지닌 사람들이 되어 있다. 새로운 게임을 창출하는 어려움이 바로 '실험 무대'로 표현된다. 이 실험은 비즈니스라해서 예외는 아니며 어쩌면 현실 차원에서 더욱 필요한 수단과 방법이 될 수 있을 것이다.

그들에겐 이유가 있다

홍콩에서 재미 교포 모씨가 북한 미술품 전시회를 개최한 적이 있다.
당시 북한예술가동맹에서 몇 사람의 작가도 초청했는데 북한 인사가 참가하는 전시회에는
반드시 김일성, 김정일의 초상화가 걸려 있어야 한다는 그들의 원칙에서 문제가 발생했다.

"핑계 없는 무덤은 없다."는 속담처럼 일마다 이유는 반드시 있다. 잘된 사업은 그 나름대로 잘되게 된 요인이 있고 실패한 사업도 그에 맞는 문제가 있는 것이다. 그것을 찾아내는 작업을 하는 사람들에게 '이유(理由)'란 꽉 닫힌 문(門)의 열쇠같이 중요한 역할을 한다.

북한기업의 행동 저변에 깔려진 요소들은 차치하고 결과로 나타나는 그들의 행동이나 대응도 이유 없는 것이 없다. 단지 우리가 그것을 파악하지 못할 뿐이다. 그래서 착오(錯

誤)를 한다. 그것은 사업을 성공하게 만들 수 없는 첫번째의 시련이다. 상대의 행동 패턴을 읽지 못하는 선수(選手)가 게임에서 이길 확률은 요행(僥倖)뿐인 것이다.

가장 손쉬운 예로 북한기업과 접촉이 왜 어려운가를 생각해 보자. 대체로 북한기업과의 연결은 중개자가 끼어 있다. 이런 간접 방식의 연락 체계를 유지할 경우, 만일 긴급하게 팩스를 넣었는데 회신이 오지 않는다면 어떤 문제가 있는 것일까. 생각해 볼 수 있는 이유는 다음과 같은 여러 가지 경우들로 정리된다.

1) 중개자가 그 팩스를 못 받아 보았다. 팩스 송신이 불량한 경우도 있다.

2) 중개자가 출장 중이다. 직접 팩스를 못 받았기 때문에 당연히 다른 쪽으로 전달되지 못한다.

3) 중개자가 팩스를 보내는 것을 잊어버릴 수도 있다. 사람 사는 세상에 흔히 있는 일이다.

4) 중개자가 우리측에 불만을 가지고 고의적으로 딜레이 작전을 편다.

5) 북한측이 이 팩스를 못 받았다. 중개자는 팩스를 넣었다고 한다.

6) 북한측의 담당자가 없다.

7) 북한측이 우리측의 제안을 검토 중이다. 시간이 걸린다.

8) 우리측의 제안 자체가 별로 신통치 않아 회신할 가치를 못 느낀다.

9) 북한측의 결정 당사자가 출장 중이거나 최근 변동이 있어 내부적으로 혼
   란 중이다.

대체로 이런 정도의 어려움이 단순한 업무 연락 하나에도 도사린다. 거래가 빈번한 자본주의 국가라면 이 정도는 전화 한 통화로 해결될 수 있는 사항이겠지만 간접 연락 채널을 가진 경우는 그것도 쉽지 않다. 이쪽의 담당자가 연락 없음만을 결과로 생각할 경우, 이 현상은 더욱 심화된다.

북한에서의 팩스는 통신 보안상의 문제로 집중 관리 시스템을 유지하고 있다. 아마도 이 사실조차 모르는 북한 교역자가 있을지도 모른다. 그래서 그들에게 팩스를 보내고 텔렉스로 "팩스 보냈으니 빨리 보고 조치하라."고 이중의 연락을 취하기도 한다. 이 과정에서 팩스 내용이 문제가 되어 보위부가 검토라도 할라치면 회신은 오지 않을 수밖에 없다.

그들이 남한 사람을 만나고 나서 하는 첫번째의 정치적 발언이나 혹은 대화 중에 간간이 섞는 양념 같은 '공화국 자랑'은 따지고 보면 그 말을 해야 하는 그들만의 이유가 있을 수도 있다. 물론 그 정도로 자신들의 사회를 자랑스럽게 생각할 수도 있다. 그러나 대체로 그 말을 하는지 안 하는지 감시하는 인원이 곁에 있다면, 말을 안 하는 것이 바로 문책

대상이다.

해외 전시회를 나간 북한 대표단이 경비(經費)가 없어 전시회 물품을 판매하는 경우가 있다. 외화가 부족한 그들로써는 전시회의 참가 필요성과 현지 경비 조달이란 문제를 동시에 해결하는 이런 방법 외에 달리 해결책이 없다.

홍콩에서 재미 교포 모씨가 북한 미술품 전시회를 개최한 적이 있다. 당시 북한예술가동맹에서 몇 사람의 작가도 초청했는데 북한 인사가 참가하는 전시회에는 반드시 김일성, 김정일의 초상화가 걸려 있어야 한다는 그들의 원칙에서 문제가 발생했다. 물건을 사줄 고객은 남한 사람인데 버젓이 초상화를 걸어 둔다면 이것은 장사 안 하겠다는 이야기가 되니까 부랴부랴 북경까지 나온 작가들을 홍콩으로 부르지 못하게 되고 말았다.

여러 이유들로 인해 행사는 실패로 끝나고 말았는데 이 재미 교포는 그 후 초상화를 안 걸었다는 이유와 함께 작가들을 부르겠다는 당초의 약속을 안 지킨 죄(?)로 상당한 곤욕을 치렀다.

'북한 상품이 있는 곳에 초상화는 있다'는 그들의 원칙은 어찌 보면 그들만의 것이지만 겁나는 것은 오히려 사업이 성공하더라도 초상화를 안 걸었다는 내부적인 문책이었던 것이다. 당연히 그 교포를 호되게 몰아붙이며 '죽일 놈'을 만들 수밖에 없다. 자신들도 살아야 하는 정말 생존의 문제인 셈이다.

　해외 활동 가능한 북한기업이나 단체들은 그들이 절대 넘어서는 안 되는 기준선(基準線)은 철저히 지킨다. 그런 다음에야 융통성이 발휘된다. 그 '융통(融通)'이란 것도 함부로 결정되지 않으며 그것을 집행할 수 있는 인물도 정해져 있다. 이들의 행동과 언어, 기타의 작업들은 대체로 우리를 이해시키지 못하는 경우가 많다. 그러나 분명한 것은 그들 나름의 이유를 무시하긴 어렵다는 점이다.

그들 내부에도 갈등은 있다

미국 기자가 북한 방문을 위해 이런 시도를 한 적이 있었다.
미국, 동경, 북경 등을 통해 자신의 방북 취재를 요청했지만 좋은 회신을 받지 못했다.
일정 기간이 지난 후 왜 보류된 것인지의 이유를 알아보니 의외의 답변이 나온다.
북한측 관계자의 대답을 그대로 옮기자면 다음과 같다.
"이곳 저곳에서 얘기로 듣고 연락도 받았지요. 그것이 모두 나에게 보고가 올라왔지만 신청한 사람들이 모르는
사람들이 아닌데 누구는 허가하고 누구는 못하게 싸움 붙일 수는 없지 않아요. 이런 경우는 허가 안 됩니다."

북한도 정도의 차이는 있지만 '사람 이야기'는 그대로 존재한다. 동서고금을 막론하고 지금까지 지탱해 오는 많은 것들을 무시하면 안 된다. 이들은 그 사회가 가진 뿌리나 형식적인 제도, 문화 및 도덕 수준, 개인들의 가치관 등에 의해 크게 다른 형태로 나타난다.

갈등이란 일종의 감정적 부대낌 같은 것으로 고도의 음성적인 싸움을 자신의 내외부에 만들어 낸다. 구태여 사전적인 의미를 따르지 않아도 우리는 인간인 이상 허다한 갈등의

상황 속에서 산다. 이 길로 갈지 아니면 저 길로 갈지, 먹어야 할지 말아야 할지 등의 망설임이 시간과 개인의 심력(心力)을 소모케 한다. 낭비적인 요소가 많지만 이것이 인간적이라는 주장도 가능하다.

비즈니스에도 갈등의 순간은 많다. 판단의 시기를 앞두고 그 이전까지는 반드시 이 과정을 거친다. 거래 상대의 선정이나 가격의 결정, 닥친 문제의 해결 방법 모색 등에서 결국 개인의 자질을 판명하는 기준으로까지 연결된다.

북한에도 이런 사람사는 부대낌은 존재한다. 예를 들어 당(黨), 정(政), 군(軍)이란 사회의 큰 주축 세력간에도 상호 권력 암투나 이익을 위한 날카로운 경쟁이 있다. 가급적 서로의 영역을 침범하지 않으려 하지만 자신의 이익이 침해당하는 것을 참을 수 없을 경우 경쟁은 격화된 전쟁으로 나타난다.

북한에도 '빽'은 있다. '친인척 빽'이나 동향, 혈연, 동창으로 결속된 '의리형 빽', 뒷거래를 위한 뇌물이 오고가는 '뇌물형 빽' 등이 있다. 종류로 보아 우리와 다를 바 없다. 이들은 어떤 사회에서나 기생하게 마련이지만 이런 '빽 구조'가 두터울수록 그 사회는 부패되었다고 본다. 일종의 척도인 셈이다. 이들 빽을 형성하는 사람과 조직 간에도 갈등은 있다.

대외적으로 우리가 접촉하는 북한 채널간에도 이와 같은 현상은 흔히 나타난다. 중앙 경제담당 기관과 지방 행정단위 간의 다툼도 벌어진다. 심지어는 내부적 경쟁으로 인해 한 단위 내에서 얼굴을 붉히는 경우도 있다. 친소(親疎)의 척도를 어디에 두는가의 문제겠지만 그들간의 경쟁은 대부분 이익이 게재된다.

김일성 사후 경제기관의 권력 장악을 위한 노장(老壯)과 소장(小壯) 세력 간의 다툼이 있었다고도 전해진다. 북한에서의 노장은 60대 이상, 소장은 40, 50대를 가리킨다. 그래서 김정일도 소장군(群)에 속한다고 본다. 남한에서의 40대 기수론이나 70대 불용론(不用論) 같은 것도 같은 맥락이긴 하다.

북한 비즈니스가 대체로 인맥 베이스의 접근으로 이루어짐은 주지의 사실이다. 그러다 보니 '줄 잘못 잡으면' 잘되던 일도 안 되는 사태가 발생한다. 그간 북한을 방문했던 해외 기업들(교포, 남한기업 포함)은 많지만 3, 4년 이상 지속적으로 연락을 가지는 사람은 많지 않다. 과거의 연락처에는 이미 다른 사람이 앉아 있기 일쑤고 어떤 경우는 아예 비슷한 지위도 안 가진 사람조차 있다. 다시 시작하는 번거로움 뿐이다. 전화번호도 수시로 바뀐다. 오랫동안 관계를 형성할 수 있을 정도의 인물과 접촉하기는 이처럼 어렵다.

　내부 갈등의 대표적인 사례가 바로 '투 라인(two line)'이다. 동일한 사안을 하나의 라인이 아닌 다채널로 요청했을 때, 결과는 '무회신(無回信)'이기 쉽다. 어느 쪽이 나의 요청을 해결해 줄 수 있을지를 모를 때, 어쩔 수 없이 가능한 방법을 동원하게 되지만 그것이 해피엔딩이 되는 예는 거의 없다.

　모 미국 기자가 북한 방문을 위해 이런 시도를 한 적이 있었다. 미국, 동경, 북경 등을 통해 자신의 방북 취재를 요청했지만 좋은 회신을 받지 못했다. 일정 기간이 지난 후 왜 보류된 것인지의 이유를 알아보니 의외의 답변이 나온다. 북한측 관계자의 대답을 그대로 옮기자면 다음과 같다.

　"이곳 저곳에서 얘기로 듣고 연락도 받았지요. 그것이 모두 나에게 보고가 올라왔지만 신청한 사람들이 모르는 사람들이 아닌데 누구는 허가하고 누구는 못하게 싸움 붙일 수는 없지 않아요. 이런 경우는 허가가 안 됩니다."

　여러 부처의 의견을 취합하는 이른바 조직담당원의 말이므로 근거 있다고 인정된다. A, B, C에서 동일 사안이 신청되었다면 서로의 체면과 관계가 있는데 누군 봐주고 다른 사람은 묵살하면 괜스레 관계만 나빠진다는 매우 보신(保身)

주의적 발상이다.

국내의 모 운동권 단체는 최근 북한측의 단체와 중국에서 비밀 회동을 가진 것으로 전해진다. 북한측은 한국의 의견을 무시하고 마치 상급 기관이 지시하는 듯한 행태를 보였고 그에 격분한 한국측 참가자들이 이의를 제기하며, 한바탕 큰 소란이 벌어졌다고 한다. 문제는 그 다음에 벌어졌다. 북한측 대표 단장이 밤에 몰래 한국측 단장을 찾아와 '합의서'라는 종이 쪽지를 내밀며 사인하길 요청했다는 점이다. 사연도 걸작이다. "뭔가 실적이 있어야 보고할 게 있지요." 관료주의의 병폐를 들여다 볼 수 있다.

사회주의가 초래한 보신, 관료주의와 북한 내부의 각 부처간 혹은 개인간 관계는 분명 고려 대상에 속한다. 이런 점을 이해 못하고 그들끼리 갈등 구조를 조장하는 제안은 그쪽 내부에서조차 쉽게 동의를 구하기 어렵다. 지나치게 다양한 채널로 접근을 시도하기보다는 사전에 충분한 검토를 거쳐 하나의 채널을 선택하거나 사안별로 나눠 진행하는 것이 바람직하다는 방법론도 제시 가능할 것이다.

도덕적 품성은 백의민족의 기본(?)

해외에서 만나는 북한 기업인들은 대체로 도덕성이 있다.
중국의 연변 지역에서 사는 조선족 동포들에게서 쉽게 강한 도덕률을 찾을 수 있듯이
북한에서도 그런 면이 유지된다고 볼 수도 있다.
그들간에는 상하에 따른 대우가 외부로 잘 드러나지 않지만 내적으로는 대단하다.
계급 사회의 특성과 함께 권력을 가진 자와 못 가진 자 사이의 문제이기도 하기 때문이다.
예의는 이 점에서 매우 중요한 부분을 차지한다. 깨끗한 매너도 결국 예의라는 동양적인 한 표현으로 볼 수 있다.

북한사회의 근간을 이루는 흐름은 무엇일까. 우선 사회주의라는 큰 이념의 기둥을 빼놓고는 북한을 정의하기 어렵다. 마르크스주의가 북한에 미친 영향은 현대사의 기본이기 때문이다. 여기에 북한식 사회주의 즉 주체사상이 더해진다. 주체사상은 일종의 전제군주적 냄새를 지닌 체제라는 점에서 보면 북한사회는 기본적으로 변형된 마르크스주의를 채택하고 있는 셈이다. 이 숨겨진 변형 속에 유교적인 이념 혹은 관행도 있음을 빼놓긴 어렵다.

　유교성(儒敎性)이란 동양권의 고유 습성에 속한다. 그들에게는 비록 계급주의적 사관(史觀)과 행태가 있지만 주체사상이라는 미묘한 의식으로 전환되는 과정에서 유교적인 것은 전통적인 것으로 남아 있게 되었다는 분석도 가능하다. 물론 이것이 꼭 옳은 주장이 아닐 수도 있다.

　도덕적 품성이 어느 만큼 남아 있는지를 가늠하는 잣대는 없다. 우리의 도덕률과 그들의 것과는 이미 상당 부분 차이를 보이고 있기 때문이다. 여기에서 언급하는 도덕은 예의 정도로 보면 타당하다.

　해외에서 만나는 북한기업인들은 대체로 도덕성이 있다. 중국의 연변 지역에서 사는 조선족 동포들에게서 쉽게 강한 도덕률을 찾을 수 있듯이 북한에서도 그런 면이 유지된다고 볼 수도 있다. 그들간에는 상하에 따른 대우가 외부로 잘 드러나지 않지만 내적으로는 대단하다. 계급 사회의 특성과 함께 권력을 가진 자와 못 가진 자 사이의 문제이기도 하기 때문이다. 예의는 이 점에서 매우 중요한 부분을 차지한다. 깨끗한 매너도 결국 예의라는 동양적인 한 표현으로 볼 수 있다.

　북한기업인을 상대할 때 제일 당혹스러운 경우는 그들 중 나이가 새파란 인물이 나이가 지긋한 인물을 거의 이놈 저

놈에 육박하는 수준으로 몰아붙일 때다. 의도적으로 자신의 힘을 과시할 때 이런 행동이 나타난다.

북경을 무대로 한동안 힘을 떨쳤던 북한 노동당의 모씨는 행동이 상당히 세련된 측면이 있는 반면 같은 북한 사람끼리의 대응에서는 지나치게 고자세를 보여 눈총을 사기도 했다. 그러나 사회주의의 기본이 계급성이 없는 계급성(?)을 원칙으로 한다는 점에서 보면 별반 놀랄 일은 아니다. 이런 경우 입장을 유지하는 데는 어려움이 많다.

모 상담장에서의 일이다. 북한측 5명, 남한측 3명이 나와 상담을 하는 자리에서 북한측 대표의 옆자리를 지키던 한 인물이 갑자기 자기네 대표에게 욕을 하기 시작했다. 대표의 나이는 50대 정도였고 욕을 한 인물은 30을 갓 넘겼을 정도였기 때문에 이야깃거리가 된 것이다. 우리도 그룹의 20대 총수가 60 먹은 부하를 나무랄 수 있겠지만 이런 예는 보기 어려우니 예외로 하고, 그들의 이런 행동이 상담장의 남한측 사람들을 얼마나 당혹하게 만들었는지를 상상해 볼 수 있다.

북한에서는 '과업(課業)'이 주어지면 그에 따라 일을 추진하는 서열이 매겨진다. 이 서열은 상당히 조심스러운 관계를 형성한다. 역할 분담이 이루어지기 때문이다. 그래서 대체로 상대가 있을 경우 이런 일들은 잘 벌어지지 않는다. 서로를 존중하는 관계도 서열이나 혹은 자기가 소속된 단위(單位)와 상대의 그것 간에 설정된 공식적 입장에 따라 바뀐다.

그런 경우 말고도 이를테면 누구의 아들, 딸 혹은 친척 등의 관계도 상당한 작용을 한다. 이런 경우는 가부장적 이미지 속의 가계(家系) 관계가 적용된다. 상호 입장이 어느 단계는 유지된다.

대체로 북한인들이 도덕적 품성이 남아 있음은 하나의 정의는 될 수 있지만 꼭 그렇치만은 않은 것으로 판단 내릴 수 있는 상황도 많이 연출된다. 그럴 경우는 도덕률에 우선한 그들간의 관계를 파악하면 이해가 쉽다. 뭐라고 개입할 필요가 있을 때, 우리의 태도를 확정하기도 쉬운 과제는 아니다.

그럼에도 불구하고 깨끗한 매너는 항상 어느 사회나 존경받는다는 것은 하나의 금언(金言)일 수 있다. 예의 있는 행동은 손해볼 일이 없다. 때에 따라 강력히 상대해야 하는 상황이 있긴 하지만 그것도 그들이 파악하는 우리와의 관계에서 설정할 문제이지 기본을 변화시킬 정도의 파격적이고 무지막지한 행동은 안 된다.

북한기업인들의 도덕적 품성을 바로 이해하기 위해서는 그들과의 관계를 잘 파악할 필요가 있다. 그래도 그들에게 아직도 그런 품성이 남아 있음을 확인하기란 어렵지 않다.

사회주의는 보신주의(保身主義)다

중요한 것은 그들이 사회주의를 대하는 태도가 오늘의 북한 현실과 무관하지는 않다는 점이다.
사회주의의 본질이 이제 집단 무책임주의화함은 사회주의가 가진 최대의 맹점(盲點) 중의 하나다.
흔히 평양 중앙TV에서 볼 수 있는 작업반의 긴밀한 협조들은 우리 눈에는 어색한 쇼로 비쳐진다.
그러나 우리도 새마을운동 시절에는 하나도 다를 바 없었음을 잊어서는 안 된다.

북한사회의 특징은 무엇일까. 북한과 다른 사회주의 국가 사이에는 차이가 없는 것일까. 북한식 사회주의가 가진 독특함은 어떤 식으로 표현될까 등의 의문은 비단 북한뿐만 아니라 사회주의 체제 연구자 모두의 관심사다.

북한기업, 기업인의 특성 중에는 대체로 다음과 같은 요소들을 발견할 수 있다. 그중에는 다른 사람들이 의견을 달리하는 부분도 있을 수 있지만 거의 근접한 판단이 아닌가 생각한다. 지금까지 북한기업인과 접촉을 해본 사람들의 전체적인 의견을 종합해 보면 다음과 같다.

1) 말뿐으로는 믿지 않고 말의 결과를 확인하고서야 믿음을 준다.

2) 상부의 권한은 우리와 비교, 강하면 강했지 약하지 않다.

3) 법률적인 감각이란 것이 거의 없다. 우리와 비교하면 따라오지 못한다. 교시(敎示) 중심의 성향이 짙다 보니 원칙은 있어도 각론(各論)이 부족하다.

4) 정해진 데까지만 움직인다. 그 이상은 자기 소관이 아니다.

5) 중국에서는 회담, 상담 등 교섭이 의식인 데 비해 북한은 이를 수단으로 여긴다.

6) 전례를 들먹여도 소용에 닿지 않는다.

7) 동등한 신분·자격이라 해도 반드시 진한 서열 의식이 배여 있다.

8) 자아의식이 강하고 개인주의 성향보다는 전체주의, 집단주의 성향을 표면에 깔아둔다.

9) 지시가 없는 일에는 실행력이 현저히 떨어지며, 기타는 자기 주장이 강하다.

10) 베풀어준 만큼 기대 않는 것이 좋다. 기대하면 오히려 배신감을 느낄 우려도 있기 때문이다.

11) 회사를 위해서라기보다는 국가를 위해, 자신을 위해 일하는 경향이 높다. 그러나 회사간의 경쟁은 매우 치열하다.

12) 김일성 체제하에 오래 있다 보니 개인들도 자신들의 독자 입장을 강하게 주장하는 경향이 높다. 국가 입장이 바로 개인 입장으로 전환된다.

13) 사회주의의 능력 평등관이 많이 부서지고 있다. 요즘은 능력 있는 자를 치켜세우는 경향도 있고 시기, 질투도 많다.

14) 자기 라인에 대한 충실도는 매우 높다.

15) 사회주의가 자신만이 땀을 흘리지 않아도 되는 것임을 잘 안다.

16) 평등의식도 있는 반면 자기보다 힘이 센 상대에게는 쉽게 꼬리를 내린다.

17) 실패에 대한 제제가 엄격하다 보니 집단 무책임주의 현상도 많다.

무작위의 이야기라는 점에서 정확도가 떨어지는 점도 없지 않지만 충분히 케이스가 있는 말이다.

유사한 점도 많지만 북한식이 꼭 중국식과 동일하지는 않음을 확인할 수 있다. 우리와는 여러 면에서 차이가 있다. 중요한 것은 그들이 사회주의를 대하는 태도가 오늘의 북한 현실과 무관하지는 않다는 점이다. 사회주의의 본질이 이제 집단 무책임주의화 함은 사회주의가 가진 최대의 맹점(盲點) 중의 하나다. 흔히 평양 중앙TV에서 볼 수 있는 작업반의 긴밀한 협조들은 우리 눈에는 어색한 쇼로 비쳐진다. 그러나 우리도 새마을운동 시절에는 하나도 다를 바 없었음을 잊어서는 안 된다.

대부분의 북한기업인들이 '경쟁'의 의미를 인지하고부터 깨어지기 시작하는 능력 평등의 관점들도 주목할 만하다. 심지어 공식 석상에서 옆 사람을 서로 추켜세우는 모습도 보인다. 능력이 뛰어난 사람을 수하로 둔 장(長)이 자랑스레 그의 개인적인 이력을 말하는 경우도 있다.

법률적인 감각이 없고, 전례에 대해 민감하지 않음은 역시 사회적인 분위기와 직결된다. 법률이란 북한사회를 유지하고 통제하는 축이라기보다는 수단적 기능이 크다. 정보가 공유되지 않다 보니 전례도 천차만별이다. 자신의 방식을 남에게 감추는 버릇은 상대가 주장하는 전례를 못 받아들이게 하는 첫 원인이 된다고 본다.

상부의 권한이 세다는 것은 결정권이 강함을 뜻한다. 사장들이 가진 파워는 단순히 기업을 이끄는 총수라는 역할 이외에도 상부와의 선(線)이 전제가 된 것이기 때문에 깊숙이 연결될 경우 생사여탈권과도 직결된다. 대외무역회사의 사장이 된다는 것은 '하늘의 별따기' 만큼이나 어려운 일이다.

북한에 조그만 합영회사를 가진 중국기업의 사장은 북한 기업간의 경쟁이 매우 치열하다고 말한다. 실제 여러 사람에 의해 선박의 수배, 물건의 확보 등에서 벌어지는 그들간의 치열한 경쟁 상황이 전해지곤 한다. 그러나 기본적으로 그들은 국가라는 큰 테두리의 교육된 내용과 자신을 더 사랑한다. 주의(主義)시대에서 개인(個人)시대의 현상이 보인다. 이것도 변화라면 큰 변화일 수 있다.

북한도 변하고 있다. 사회주의는 분명 보신(保身)이란 악습을 양산할 소지가 크지만 그들의 변화는 북한이라는 텃밭에서 다른 나라와는 다르게 자라고 있는 점에 유의해야 한다.

해외활동을 하는 기업인은 사회주의 골수분자

북한은 성분을 중시하는 곳으로 어지간한 '뒷심'이 없으면 이런 자리를 꿰어차기 어렵다.
능력도 중요한 판단 요소이지만 그 이전에 해당 인물의 가계 성분, 사상 성분, 빽 등이 기본이 된다.
그러므로 우리가 해외에서 만날 수 있는 북한 기업인은 대부분 북한사회의 엘리트 군(群)이며,
북한식 사회주의의 골수분자로 인식하는 것이 마땅하다.
그들에게 섣불리 사회주의의 장단점을 설명하는 어리석음은 필요치 않다.
'골수(骨髓)'를 무너뜨리는 방법도 있긴 하겠지만
어설프게 전문가 흉내를 내다보면 남는 것은 다툼뿐이기 때문에 주의를 요한다.

남북한의 대외 진출을 비교해 보자. 일반적으로 대외교섭력 즉, 외교력을 가늠하는 척도인 수교(修交) 국가에서 남북한의 차이는 현저하다. 1994년 말 기준으로 남한이 174개국과 수교하고 있는 데 비해 북한이 수교 국가는 130개국에 불과하다. 그중 남북한 동시 수교 국가는 120개국이 있다.

공관(公館)도 남한이 상주 대사 96개국, 총영사 38개국, 대표부 6개국인 데 비해 북한은 상주 대사 63개국, 총영사 3개국, 대표부 16개국으로 약 40개국의 차이가 난다.

이들 국가들을 무대로 활동하는 북한 사람은 크게 나누어 외교관, 기업인, 군사대표단, 문화예술단 등으로 구성되어 있다. 독일의 이익 대표부나 중국 광주(廣州)의 무역대표부, 태국의 통상무역대표부, 쿠웨이트의 통상대표부, 하바롭스크의 경제대표부, 베네수엘라의 통상대표 등 경제분야의 대표부도 엄밀히는 외교 인원에 속한다. 이밖에도 WTO, IMO, UNIDO, FAO, UNESCO와 UN에도 대표부가 있다.

북한기업들도 해외 사무소를 운영한다. 중국에 지사를 두고 있는 기업은 차치하고 릉라도무역총회사와 같이 싱가폴, 예멘 등 10여 개 지역에 지점이나 대리점을 가진 기업도 있다. 의류 전문 수출입업체인 은하무역총회사는 싱가폴, 말레이지아, 인도네시아, 태국 등에 지사를 운영한다. 무역회사외 화물수송, 항만하역, 외국선의 용선 등을 취급하는 대성운수회사는 일본, 홍콩, 싱가폴, 태국, 인도, 파키스탄, 그리스, 독일 등에 대리점을 설치하고 있다.

이처럼 여전히 제한적이고 사업 확장의 한계를 드러내고는 있지만 북한도 다양한 해외 활동을 하고 있다. 과거 남한도 마찬가지였지만 북한에서도 해외를 무대로 움직이는 대부분의 사람을 사실상의 특권 계층으로 볼 수 있다. 그들은 북한처럼 폐쇄된 국가에서 해외를 볼 수 있는 선택된 인물들이다.

북한은 성분을 중시하는 곳으로 어지간한 '뒷심'이 없으면 이런 자리를 꿰어차기 어렵다. 능력도 중요한 판단 요소이지만 그 이전에 해당 인물의 가계성분, 사상성분, 빽 등이 기본이 된다. 일부 귀순한 북한 고위급 해외 인원이 있긴 하지만 그들이 남한의 자유만을 좇아왔다고 보긴 어렵다. 그쪽에서는 최고의 사람들만이 해외로 나온다고 보면 된다. 빽이건 실력이건 간에.

그러므로 우리가 해외에서 만날 수 있는 북한기업인은 대부분 북한사회의 엘리트 군(群)이며, 북한식 사회주의의 골수분자로 인식하는 것이 마땅하다. 그들에게 섣불리 사회주의의 장단점을 설명하는 어리석음은 필요치 않다. '골수(骨髓)'를 무너뜨리는 방법도 있긴 하겠지만 어설프게 전문가 흉내를 내다보면 남는 것은 다툼뿐이기 때문에 주의를 요한다.

외화 벌이 일꾼, 무역 일꾼들에게는 경제라는 목표가 주어져 있다. 외화 사정이 어렵다 보니 경제일꾼 말고 외교관까지 나서서 금(金) 등 보석류의 거래, 아편 등 마약밀매, 밀수행위, 심지어 위조지폐까지 만드는 경우도 생긴다. 모든 것이 '외화 벌이'라는 대명제 아래서 이루어진다. 기실 이런 거래에서 나타나는 그들간의 횡령도 많다.

경제 일꾼들이 비록 국제적인 무역 관행에 익숙하지 못한 측면이 많다 해도 개개인의 능력을 간과해서는 안 된다. 그들에겐 이제서야 진정한 의미의 상업 거래에 익숙해질 계기들이 마련되고 있다고도 보여진다. 아직도 조건이 성숙되지 않았다는 측면에서 단편적인 평가를 내리기엔 시기상조다. 이면(裏面)의 문제를 놓치고서는 변화를 잡을 수 없다.

해외의 북한기업, 기업인들은 북한사회가 개방되면 될수록 변화의 중심적 인물이 될 것이다. 역으로 이들이 북한을 개혁시키는 중요한 첨병 역할을 할 것으로 믿어진다. 그렇지만 아직은 사회주의 골수분자의 틀을 깨 버리지 못하는 구조가 잔존하는 점을 망각해선 안 된다. 그들은 아직 '경제 우선'의 선봉이 아니기 때문이다.

'보고(報告)' 없는 행동은 없다

명함을 교환하고 하루만 지나면 본인인지 여부를 체크한다.
그것도 보고의 대상이기 때문에 특별한 일이 아니라고 볼 수도 있지만 그들의 철저함에 놀란 적이 한두 번이 아니다.
가짜 명함을 사용한다 해도 거의 대부분 금방 들통이 난다.
묘한 일이지만 사실이다. 남한에도 그 만큼의 정보연결망이 있다는 의미로 받아들여진다.

과거에는 해외 출장이 쉽지 않았다. 한 번 나가려면 절차도 복잡했다. 여기저기 쫓아다니는 것은 물론이고 군대라도 안 다녀올라치면 실제 해외여행을 꿈조차 꾸지 못했다. 강력한 통제의 원인은 국내의 외환 사정과 같은 경제적 이유도 있었지만 북한과의 체제 경쟁으로 인한 요소들도 많았다. 안보 교육이나 해외에서의 북한인과의 조우(遭遇), 납치 등에 대한 우려 등 공포 분위기가 한껏 조성된 측면도 많다.

실제 70년대 말까지만 해도 북한인이 아닌 사회주의권 국가들의 방문은 스포츠나 국제행사 등 일부분을 제외하면 불가능했다. 모 농구 선수가 70년대 말 서로 선물로 주고받은 페넌트를 돌아서자 마자 짓밟는 중국 선수들에 대한 기억을 생생히 가진 것만 보아도 얼마큼 지독한 냉전(冷戰)시대에 우리가 살았는지 알 수 있다.

80년대 초까지만 해도 외국에서 들어오는 잡지에 북한에 대한 뉴스가 실리면 삭제되거나 시커먼 매직으로 지워져 있기 일쑤였다. 그것이 신기했던 때도 있었지만 이제는 적어도 그런 표면적인 통제는 많이 없어졌다. 공영TV가 북한TV방송을 정규적으로 프로그램화 하는 시대가 된 것이다. 그럼에도 여전히 북한 정보는 통제되고 있다고들 느낀다.

우리가 통제의 시대에 살고 있다고는 하지만 북한은 여전히 70년대의 기조를 버리지 않고 있다. 그들 체제의 유지를 위한 가혹할 정도의 정보통제 현상이 계속되고 있다. 해외 활동도 예외는 아니다. 북한 밖을 오가는 사람은 기본적으로 북한의 선택된 국민이라고 보면 틀림이 없다. 그들은 남들과 다른 생활양식을 누리는 만큼 그에 따른 대가를 지불한다.

보고(報告)란 지극히 관료적이고 형식적인 용어다. 나에 대해, 상대에 대해, 혹은 부여받은 업무에 대해, 상황에 대해 미세한 부분까지 적어서 상부에 올리고, 해당 부처는 그것을 취합한다. 보고는 정보취합의 중요한 수단에 속한다.

북한기업도 그들 나름의 지위 체계를 가진다. 그러므로 보고는 북한사회 속의 일상사(日常事)로 보아도 무관하다. 내가 하는 말과 행동, 주변 상황이 내가 만난 사람을 통해 어느 쪽엔가 전달된다는 사실은 유쾌하진 못한 사항이다. 그러나 이런 구조는 엄연히 있다.

북한기업 관련자와 만나 보면 그들은 남한측이 메모하거나 기록, 혹은 녹음 따위를 남기는 것을 극히 싫어한다. 사진 찍는 것도 마찬가지다. 싫어하는 정도가 지나쳐 아예 원천적으로 봉쇄하려 한다. 자신을 외부로 노출시키는 데 대해 알레르기적 반응을 보이는 것이 일반적이다. 그렇게 훈련받았다고 보아도 무방하다.

중요한 사항은 보고되는 것이 원칙이고 나아가 적극적인 정보수집 활동까지 한다. 상대에 대한 유도 심문을 할 때도 있다. 완전히 첩보 전쟁과 유사하다. 그냥 듣고 지나친다고 생각하면 큰 오산이다. 사소한 것도 챙긴다는 사실을 상대하는 입장에서 알고 있어야만 한다.

그에 비하면 우리의 보고는 그렇게 까다롭지 않다. 기업 단위의 보고는 대체로 사업 위주의 정리가 이루어진다. 상대에 대한 분석이나 혹은 취득된 중요 내용이라 하더라도 임의적으로 이를 모두 보고하는 것이 번거롭다고 여긴다. 통일원이 북한기업과의 접촉에 대한 사전 심의 및 결과 보고를 접수하지만 충실한 보고는 많지 않다고 한다. 기업이나 정부 당국 양측 모두에 문제가 있는 셈이다. 어느 한 쪽을 탓하기엔 서로를 불신하는 구석도 있다.

이를테면 시시콜콜 보고할 필요성을 느끼지 못한다거나 정보를 보고하면 다른 기업에 비밀이 새나갈 것이라는 우려를 하는 기업인이나, 그런 사례가 알게 모르게 빚어지게 만든 정부 당국 모두에 책임이 있다고 보아야 하는 것이다.

이러한 사후 보고와 함께 북한기업은 사전 출장시의 행동에 대해서도 보고를 하고 지침을 받는다. 행동의 지침은 매우 세부적인 항목까지 규정된다. 돌발 상황이 발생하면 그것을 통제하는 사람이 반드시 그 무리 속에 있다. 이를테면 북한 배의 부선장은 국가보위부의 인원이라고 보면 쉽다. 그는 선장과 선원의 활동을 컨트롤하는 역할을 한다.

우리처럼 자유로운 행동을 기대할 수 없다는 점에서 상대해야 하는 입장은 껄끄러움이 크다. 더욱이 말을 조심하다 보면 왠지 상황을 회피하고 싶은 달갑지 않은 때도 생긴다. 괜스레 복잡한 일이 생길까 봐 걱정되는 경우도 있다. 그러나 우리의 이런 생각은 북한기업인들에 비하면 조족지혈(鳥

足之血)임은 인정해야 될 대목이다.

가끔씩 독자(獨自)행위가 가능해진 북한측 인사를 보지만 내심 두려움이 앞선다. 납치사건 등이 남의 일이 아닌 것처럼 여겨지기도 한다. 그만큼 서로간의 두려움이 있다. 북한측은 오히려 우리에게 납치 당할지도 모른다는 걱정을 하고 있기도 하다. 서로의 정체에 대한 불신이 깊어지면 상담이고 뭐고 간에 대충 없는 일이 되어 버린다.

명함을 교환하고 하루만 지나면 본인인지 여부를 체크한다. 그것도 보고의 대상이기 때문에 특별한 일이 아니라고 볼 수도 있지만 그들의 철저함에 놀란 적이 한두 번이 아니다. 가짜 명함을 사용한다 해도 거의 대부분 금방 들통이 난다. 묘한 일이지만 사실이다. 남한에도 그만큼의 정보연결망이 있다는 의미로 받아들여진다.

그들과의 대화는 조심할 것이 너무 많다. 우리가 사소히 여기는 부분도 그들에겐 중요한 정보로 보고될 수도 있다. 상담을 한다면 그들의 말도 유심히 기록하는 것이 좋다. 설혹 그 자리에서 적지 못하면 자리가 끝난 후 상세히 정리해 두는 습관을 가지면 그 정보는 반드시 유용성을 가진다. 그런 습관을 들여보는 것도 북한 비즈니스를 이해하는 데 중요한 동인(動因)이 될 수 있다.

Ⅱ장 북한 비즈니스의 즐거움, 혹은 괴로움

이유 없는 결론은 없다

지난 몇 년간 남한 기업들은 수차례에 걸쳐 북한을 방문했고 제3국에서도 만나 비즈니스 상담을 했다.
불행하게도 상담의 결과는 좋았다 해도 남한 기업의 북한 투자는 실행된 바 없다.
미주 지역의 한 기자와 인터뷰에서 대외경제협력추진위 위원장인 김정우는
"남한 기업이 하나라도 약속을 지켜 투자한 것이 있으면 지목하길 바란다"는 투의 말을 한 적이 있다.
실제 그렇기도 하다.

북한과의 비즈니스는 기본적으로 쉬운 것이 아니다. 오늘 벌어지고 있는 남북한 교역의 실상은 초보적인 단계에 머문다. 반출입이 2억 불에 달했느니 해도 실상 그 내용을 보면 농수산물과 광물 등의 1차 상품이 차지하는 비중이 높고, 임가공을 통해 들어오는 의류들도 시험적 생산 단계의 수준이다.

그나마 교역 대상 중 농수산물은 중국산이 북한산으로 둔

갑되어 들어오는 경우가 허다하다. 중국 요녕성(遼寧省)의 모 무역 공사는 아예 북한대외상품검사소의 인장(印章)까지 찍힌 서류들을 듬뿍 가지고 있다. 이것이 없다 해도 북한 관련 기관에 얼마간 돈을 지불하면 원산지 증명을 포함해서 남한 세관이 필요로 하는 서류를 풀세트로 구비해 주기도 한다. 한마디로 위조(僞造) 천하인 셈이다.

가짜 평양소주와 관련, 일부 소식통들은 북한과 맞닿은 단동(丹東)의 모 주류 회사에서 생산되는 가짜 북한산 소주를 확인한 바 있고 심지어는 포장재까지 중국 내에서 엄연히 D.P.R.K 표시가 찍힌 채 인쇄되는 광경도 목도한 바 있다고 할 정도다. 조직적인 위조 상품이 나온 배경에는 남한에서의 과열 경쟁도 한 몫 거든다. 북한 회사도 비공식적으로 이를 용인하고 돈을 챙기는 예도 있다.

이처럼 남북한 교역은 여러 가지의 함정 요인을 가진다. 통계란 참고용에 불과하고 극히 믿을 만한 정보는 못 된다고까지 혹평하는 사람도 있다. 농간(弄奸)을 주도한 측으로 중국 중간상을 1번으로 꼽는 사람도 있지만 실상을 들여다 보면 이 또한 남한기업이 방법을 가르쳐 주면서 시작된 것이다. 북한에 대고 직접 확인할 길이 없다 보니 세관도 제어의 수단이 마땅치 않다. 이런 경향이 오히려 잡다한 절차를 더 복잡하게 만드는 역할을 할 뿐이다.

그럼에도 불구하고 남북한 교역은 이런 절차를 거쳐 꾸준히 발전되어 오고 있는 것이 사실이다. 아예 길이 열리지 않았으면 모르되 그나마 다양한 시도들이 있다는 자체가 바람직하다. 비즈니스맨의 관심은 상거래를 통한 이익에 있음은 불문가지이고 그렇다면 북한과의 비즈니스도 상업적인 이윤 개념이 도입될 가능성이 있음을 확인하는 셈이기 때문이다. 이익은 경쟁을 유발하는 한편 거래 확대의 동인(動因)이 된다.

그럼에도 남북한은 여전히 서로를 불신한다. 북한 뉴스 분석에 정통한 한 전문가는 현재의 남북한 관계 문제점을 한마디로 이렇게 요약한다.

"관건은 서로 안 믿는다는 데 있죠. 법률적인 문제나 기타의 장애 요인이야 기업이 더 잘 알아서 헤쳐오지 않았습니까. 그런데 도저히 없앨 수 없는 벽(壁)이 하나 있는데 그게 바로 상호 불신이란 겁니다. 남북한 관계의 초점은 신용(信用) 회복에 있다 해도 과언은 아닐 겁니다."

임가공만해도 그렇다. 북한을 방문했던 의류 봉제업에 관심 있던 재미 동포 한 사람은 북한 방문 동안 "중국 X들이 중간에서 다 해쳐먹고……"라는 소리를 많이 들었다고 한다.

낮은 가공임에 대한 불만과 그것을 중개하는 중국인들에 대한 분노까지 섞여 있다. 그 화살은 오히려 남한으로 돌아온다.

불신(不信)이 쌓였기 때문에 벽이 두텁다는 말이다. 그렇다면 과연 서로 믿지 못하는 이유는 어디에 있는 것일까. 정치적인 문제야 서로의 체제 유지와 관련된 것이니 너무 복잡하다손 치더라도 경제적으로는 왜 이와 같은 문제가 돌출되는 것일까.

지난 몇 년간 남한기업들은 수차례에 걸쳐 북한을 방문했고 제3국에서도 만나 비즈니스 상담을 했다. 불행하게도 상담의 결과는 좋았다 해도 남한기업의 북한 투자는 실행된 바 없다. 미주 지역의 한 기자와 인터뷰에서 대외경제협력추진위원장인 김정우는 "남한기업이 하나라도 약속을 지켜 투자한 것이 있으면 지목하길 바란다."는 투의 말을 한 적이 있다. 실제 그렇기도 하다.

남한 정부의 정책은 차치하고 기업들은 북한측과의 상담에서 늘 약속을 한다. 만일 정치적인 변수로 인한 투자 불가 사태에 대한 충분한 양지를 받았다면 이런 말에 대해 충분한 대응도 가능할 것이다. 그러나 상당수 기업들은 변수 요인을 도외시하고 사업 진행에 너무 골몰했다. 어휘의 구사에도 상당한 문제가 있지 않았나 하는 생각도 든다. 북한측은 결론을 두고 상대를 몰아붙인다.

남한 정부로서도 할 말은 많다. 사사건건 정치적인 문제를 야기시키는 마당에 투자를 안전하게 진행할 수 있다는 보장을 어떻게 하는가, 하는 점이다. 투자 보장이 앞서야 한다는 말도 한다. 정부 차원의 대화와 상호 신뢰가 우선되어야만 기업의 진출도 있다고도 했다. 그러다 경제면의 진출을 적극 권장한다고도 했다. 말이 오락가락하긴 했지만 결론은 "해야 하는 사업이되 여건이 서로 잘 안 맞다."로 귀착(歸着)된다.

서로가 내부 정치의 활용도를 극대화하는 차원에서 경제 협력이란 볼모를 잡고 있는 것에 다름 아니다. 물론 경제도 정책의 한 부분일 뿐 전체는 될 수 없다. 그러나 숱한 정책적인 요철(凹凸) 국면은 특히 남한기업들의 진을 빼놓고 있다. 4년여 북한을 담당한 모 기업의 과장은 "또 금년은 다 글렀습니다. 재미가 없어요."라고 오늘의 대북 경제접근을 평가한다.

일부에서는 여전히 강경 기조가 계속된다. 잘못된 해법(解法)이 많았다 보니 이를 비판하는 세력도 만만치 않다. 대한민국은 민주주의 국가이고 야당과 여당이 있으므로 서로 갑론을박하는 것은 지극히 정상적인 정치 행위다. 그렇다면 대북 문제도 이러한 갑론을박의 대상이 되는 하나의 소주제(小主題)에 불과하다. 관심의 무게를 어디에 두는가는 명확히 증명된다. 잘못 건드리면 갑자기 북한 문제의 무게가 천근만근이 된다.

북한 비즈니스가 가진 난해(難解)한 포인터는 바로 이 점에 있다. 어떻게 풀 것인가를 연구하는 기업에 있어 이 문제는 결론을 중심으로 거꾸로 풀어 나갈 수밖에 없다. 연역적(演繹的)사고에 가깝다. 개개의 특성에 맞는 공통 요소를 도출하는 작업인 귀납적(歸納的) 방식이 어려울 경우는, 반대로 생각하면 골치가 덜 아플 수도 있다. 핑계 없는 무덤이 없듯이 이유 없는 결론은 있을 수 없다. 북한 비즈니스는 너무나 많은 이유들에 싸여 있음을 간과할 수 없다.

용어에 유심(有心)하라

동일한 용어라 해도 똑같은 것이라는 생각을 하면, 아차 하는 실수를 할 수도 있다.
통역이 없는 상담이 가능하긴 하지만 구사하는 용어는 지닌 바 의미가 각각 다를 소지가 상당히 크다.
특히 문자화하기 이전 단계의 상담에서 이런 식의 차이는 두드러진다.
서로의 생활 환경이 다르고 북한측이 아직도 보편화된 용어를 구사한다고 믿기는 어렵다.

대화와 관련된 이야기 중 구사하는 용어(用語)의 문제가 있다. 일반적인 대화에 있어서도 이런 문제는 있다. 이를테면 전문용어 등이 그것이다. 북한기업과의 대화 중에도 애매한 부분이 많은 것으로 보아 이것도 일종의 특별한 용어라고 볼 수도 있지 않을까.

가장 곤혹스러운 것이 서로의 명칭이다. 남한, 북한이란 용어만 해도 그렇다. 북한의 공식 명칭은 '조선민주주의인민공화국'이다. 북한기업들이 이야기할 때는 '공화국', '조선',

중국적인 명칭이 가미된 '북조선' 혹은 '인민공화국' 등의 용어도 사용되며 가장 많이 쓰는 것이 아마도 '조국'이란 말일 것이다.

처음 '조국'이란 말을 들었을 때, 왠지 모르게 벅찬 감정이 있었다. 조국을 바로 조국(祖國), 즉 내 조상이 나에게 준 나라로 이야기하는 듯이도 들렸고 오랫동안 잊어버린 단어 하나를 주워 가슴에 담는 것 같은 느낌도 있었다. 그러나 이것은 하나의 용어일 뿐이다.

요즘은 그들이 이야기하는 '조국'을 나는 조선민주주의인민공화국의 첫글자와 끝글자를 조합하여 부르는 '조국(朝國)'으로 듣는다. 이런 식의 습관은 아마도 중화인민공화국을 중국(中國)이라고 부르는 데서 착안한 것인지도 모른다. 그렇다면 한국은 대한민국을 줄여 대국(大國)이라고도 부를 수 있지 않을까도 생각한다.

'우리 나라'라는 용어도 흔히 쓰는 말이긴 하지만 조심스럽게 여겨진다. 이 말은 남한을 일단 포괄한 개념으로 보면 된다. '조선(朝鮮)'이란 말도 북조선, 남조선 하는 식의 중국식 표현법이므로 사실상 한반도 전체를 일컫는다. 은근히 정통성을 내비치는 것이기도 하다.

북한 사람들이 남한을 지칭할 때, 남한이라고 부르는 데는 아직 익숙해져 있지 않다. 한국이란 말은 더욱 그렇다. 대체로 남조선이란 용어가 보편적이다. 그것도 이상하면 '그쪽'이란 말을 하는데 처음 들어보면 영 이상하다. 그 반대말로 '이쪽'이 된다. 합쳐서 '쌍방이'라는 말은 '이쪽 저쪽이'로 말해진다.

예를 들어 "남·북한 간은 서로 도우며 살아야 한다."는 이런 식의 화법으로 옮기면, 아래와 같이 다양한 표현법이 가능하다.

"이쪽 저쪽이 호상간에 도우며 살아야 한다."

"조선사람끼리는……."

"남조선, 북조선이 서로……."

"조국이나 그쪽이 모두 서로……."

"공화국과 그쪽(혹은 남조선)이……."

"우리 호상간에……."

남한기업들이 가장 실수를 많이 하는 것은 거래를 하면서도 '우리가 준다'는 식의 우월감을 내세우는 경우가 흔하다는 점이다. 북한인들이 자존심이 세다는 말을 했지만 그런 차원을 떠나 분명 공동의 협력이 있는 상황에서는 "서로간에 이익이 있으니까……."하는 식의 어법이 좋게 들리는 경우가 많다.

분단 50년이 만들어 낸 많은 언어상의 벌어짐이 있다. 전체적으로야 알아들을 만한 상황이지만 그래도 점차 허다한 분야의 용어들이 이미 상당한 격차를 보인다. 한자(漢字)를 사용하지 않는 그들의 언어 교육이 가져다 준 의미상의 차이들이나 쉽게 착안하지 못하는 용어들도 있다 보니 가끔씩은 이렇게 몇십 년을 가다 보면 큰일 나겠다는 생각도 든다.

비즈니스와 관련, 북한기업들은 남한의 용어들을 인지하고 있는 편이다. 그러나 대부분 중국과 무역을 하는 사람들이 흔히 쓰는 한자 단어들이 한글로 바로 음역되어 사용되기도 한다. 냉장고라는 단어도 중국어로는 '빙상(氷箱)'이라 쓰는데 북한기업들도 빙상이라고 한다. 처음 들으면 무슨 말을 하는지 모를 정도다. 채소를 남새라 하고 개고기를 단고기라 하는 정도는 이제 어지간한 사람들이면 알아듣지만 좀 더 세부적으로 들어가면 차이는 확연하다.

북한기업들의 상당수가 남한에서 건너간 한글 사전이나 한영 사전, 영한 사전들을 사용하고 있다고 알려진다. 물론 앞뒤 페이지는 없다. 우리도 한글, 중국어 사전인 경우, 북한에서 제작된 사전이 건너와 그대로 제작, 판매되고 있기도 하다. 단어들이 우리가 안 쓰는 것도 많다.

동일한 용어라 해도 똑같은 것이라는 생각을 하면, 아차

하는 실수를 할 수도 있다. 통역이 없는 상담이 가능하긴 하지만 구사하는 용어는 지닌 바 의미가 각각 다를 소지가 상당히 크다. 특히 문자화하기 이전 단계의 상담에서 이런 식의 차이는 두드러진다. 서로의 생활 환경이 다르고 북한측이 아직도 보편화된 용어를 구사한다고 믿기는 어렵다.

문자화할 경우, 북한측은 자신에게 유리한 조항이 아니면 이를 구두로 확약했더라도 문자상으로는 제외하려는 경향이 강하다. 혹자는 북한을 '무책임'하며 '문자화된 것도 못 믿는' 상대로 규정하기도 하지만 이것은 문자화 이전 단계의 조정과 문자 속에 담긴 내용의 불확실성이 이를 조장하는 측면도 있음을 유의해야 한다. 문자는 책임을 동반한다는 것이 그들의 생각임은 분명하기 때문이다.

그들과의 대화는 상당히 조심스러움을 요구한다. 사소한 구사 용어라 해도 늘 주의 깊게 관찰할 것이 요구된다. 서로의 격차를 줄이는 일은 역시 한 쪽의 문제가 아니다. 쌍방의 문제, 상호, 호상간의 문제로 인식되어야만 한다.

지키지 못할 약속은 하지 말라

되지 않을 약속은 하지 않는 것이 좋다는 것은
그들을 염두에 둔 것이라고 보기보다는 우리 자신의 업무의 완벽성을 위해서도 늘 요구되는 사항이다.
'히트 앤드 런' 작전으로 큰 돈 한 번 챙기고 이 사업을 그만둘 요량이라면 가능하지만
어렵게 접근하는 주변 사람들에게 즉각적으로 악영향을 미친다.
우리 입장에서는 못 지킬 약속을 안 한다는 이미지를
북한 상대 기업이나 그 상부에 인식시켜 주지 못한 그간의 잘못을 인정해야 한다.
모든 판단은 현재의 상황대로 자신의 능력과 입장에 맞게 이야기를 끌어 나가는 것이 상담의 최선으로 본다.

개인과 개인, 회사와 회사 혹은 국가 대 국가끼리도 엄연히 질서가 있다. 개인 아닌 회사가 약속을 지키지 않을 경우, 신의 없는 대상으로 찍히듯이 국가도 마찬가지로 '끼리'들의 무리에서 따돌림당한다. 국가와 국민 간의 약속도 한치 실수 없는 이행, 혹은 그만한 노력과 양해가 없다면 그것도 약속 위반 행위의 하나로 치부되는 것이다. 그것은 약속이 '장래에 할 일에 대한 상대방과의 구속력'이 강하다는 의미이기도 하다.

 그런 면에서 북한은 상대에 대한 약속을 안 지키기로 유명하다. '떼'를 쓰는 데 일인자(一人者)라 할 만큼 능수능란하게 벼랑끝 전술이나 지연작전을 구사한다. 그들은 지금까지 국제 사회가 형성해 온 기존의 도덕률을 무시하는 경향이 높다. 핵(核) 협상에서도 보았듯이 그들의 전투적 사태 대응은 내부의 응집된 목소리와 무지(無知), 선동(煽動), 그리고 숙달된 경험에서 우러난 외교 능력 등 선악(善惡)의 요소가 복합적으로 나타난다. 상대자는 이를 약간이라도 제대로 제어할 수 없게 되는 찰나 그들의 전략에 말려들기 일쑤다.

 이같은 현상의 배경에는 무엇보다도 북한만이 가진 독특한 '강짜'가 숨겨져 있다. 북한 정권 수립 이후 지금까지 긴장감을 풀지 않고 유지해 온 '전쟁 위기감'은 사회 곳곳에서 소위 '전쟁 심리 신드롬'을 양산하고 있다. '서울 불바다' 운운, '언제든 맞붙을 각오가 되어 있다'거나 '지겨우니까 차라리 한 판……', '니들이 까불지만 우리도……' 등의 심리 구조는 매사를 팽팽한 긴장으로 몰거나 혹은 반대로 체념, 무시 등으로 변형시켜 온 것이다. 그 곳에는 상대로부터의 피해 의식이나 이를 조장하는 요소도 다분히 있다 보니 강력한 전투성이 뒷받침되기도 한다.

 그러나 묘하게도 자신들은 이런 상황을 비정상적으로 생

각하지 않는다는 데 문제가 있다. 상대에 대해서는 지독하리만치 '약속'의 이행을 촉구하면서도 자신들은 그것을 제대로 안 지켜도 무방하다는 '우물안 왕(王)'의 생각들이 있다. 흔히 볼 수 있는 요소다.

더욱이 그들은 체질화된 학습(學習), 암기(暗記), 관찰력을 가지고 있다. 이것은 보고(報告)라는 형태로 계통내 유지된다. 자신들의 약점은 최대한 감추길 원하지만 이럴 경우 상대의 약점이 더 커져보인다는 점은 지나치고 있는 셈이다.

남한기업은 북한에게 모순된 감정을 드러낼 때가 많다. 물건을 주기로 했는데 아무리 시간이 지나도 주지 않는 경우나 계약을 했다손 치더라도 금방 마음이 바뀌어져 다른 쪽으로 급선회시켜 버리거나 심지어는 오전에 한 약속이 오후에는 전혀 딴 이야기인 것처럼 둔갑하기도 한다. 그런 경험들이 상대를 당혹케 하고 미덥지 않게 만듦을 별로 고려치 않는다. 목적을 위한 수단으로 교묘한 '립서비스'가 따른다고 혹평 받기도 한다.

상황을 변화시키는 데는 그들에게도 상당한 노력이 필요한 시점이다. 시간이 걸릴 것이다. 비즈니스에 있어 장기(長期)는 계획이나 마음 속으로 설정된 오랜 시간적인 고통(苦痛)을 수반한다. 북한 비즈니스의 특징을 한마디로 꼽는다면 역시 연속성, 장기성을 유지하기가 어렵다는 점이다. 변화나 변질의 가능성이 무척 높기 때문에 호흡을 오랫동안 유지하는 데 숨이 벅차다.

이들을 상대하는 외국 기업도 동등한 패턴의 대응을 계속해 나가기 어렵다. 격변하는 주변의 정치 상황이 기업 차원의 대응을 힘들게 한다. 북한을 보는 입장에서는 그들이 익숙해진 습관들을 버리려 하지 않기 때문에 문제는 더 심각해진다. 입장의 차이는 곧 마찰(摩擦)로 이어진다.

말을 조심한다는 것은 바로 이런 마찰이 가져올 연속성의 단절 상황을 우려하기 때문이다. 그들이 인식하는 우리의 말은 모두 약속이 된다는 개념에서 출발하면 이해가 쉽다. 북한기업에게 괜한 약속을 하는 것은 불에다 기름을 부어대며 뛰어드는 행위나 진배없다. 성사되지 못했을 경우, 현재의 사업은 물론 연계될 사업의 '불가(不可)'를 의미하게 된다.

남북한 쌀 협상에서 확인된 '구두약속(口頭約束)의 집행은 어렵다'는 사실은, 바꾸어 말하면 내심 약속을 어길 수도 있다는 개연성이 그 속에 남아 있음을 의미한다. 주의하지 않았던 대목이다. 북한과는 쌀 말고는 문서화시킨 내용이 없었던 것이다. 사태 주도를 위한 일보 후퇴거나 공명심의 발로, 판단의 미스가 섞여 있다. 장기적이고 의연한 대처라고는 하지만 장기(長期)는 있겠지만 의연(毅然)은 없다고 볼 수 있다. 누구의 잘못을 탓하기 전 그들의 몸에 배인 습관을 무시한 결과가 아니었는가 생각도 든다.

되지 않을 약속은 하지 않는 것이 좋다는 것은 그들을 염두에 둔 것이라고 보기보다는 우리 자신의 업무의 완벽성을 위해서도 늘 요구되는 사항이다. '히트 앤드 런' 작전으로 큰 돈 한 번 챙기고 이 사업을 그만둘 요량이라면 가능하지만 어렵게 접근하는 주변 사람들에게 즉각적으로 악영향을 미친다.

북한기업들의 많은 허언(虛言)에도 불구하고 상대가 그렇다고 우리가 그보다 더한 거짓부렁이 대응을 한다면 남·북한 간은 병정놀이를 하는 꼬마들보다 못하다는 결론이 나온다. 그러나 혹 진행되어도 '과연 이렇게까지……'라는 의문이 가슴에 남을 수밖에 없다. 어려운 문제다.

우리 입장에서는 못 지킬 약속은 하지 않는다는 이미지를 북한 상대 기업이나 그 상부에 인식시켜 주지 못한 그간의 잘못을 인정해야 한다. 모든 판단은 현재의 상황대로 자신의 능력과 입장에 맞게 이야기를 끌어 나가는 것이 상담의 최선으로 본다.

그들의 태도보다는 우리의 입장 정리가 필요하다는 사실

이 중요하다. 북한 비즈니스조차 내부적인 선전으로 이용하
려는 기업이 있다면, 또 그것이 그들과의 약속을 벗어난 과
장된 것이라면 서로의 이미지는 지금과 같이 불신(不信)으로
점철될 수밖에 없을 것이다.

돈으로 유혹하지 말라

북한산 시멘트를 북한 모 회사를 통해 공급받은 중국기업은 이를 한국으로 팔아 상당한 이익을 챙겼다.
공식적으로 북한 회사에 주는 이익 외에도 향후 비즈니스를 위해 약간의 뇌물을 써 둘 필요를 느낀
중국기업의 사장은 시멘트 업무를 총괄하는 과장에게 상당액의 뇌물(약 2만 불이었다고 한다)을 건네주었다.
그 이후 다시 거래 건이 있어 그 사람에게 연락해 보니 그는 더 이상 그 자리에 있지 않았다고 한다.
들려 오는 말로는 그 돈으로 뇌물을 써 지방의 좋은 자리 하나를 꿰어찼다 했다.

뇌물(賂物)은 만국 공통의 묵시적인 거래 언어다. 사회가 존재하는 한 뇌물이 없어지지 않는다. 아무리 깨끗한 나라라 해도 뇌물이 먹히지 않음을 우리는 믿을 수가 없다. 인간인 이상 이런 사태는 벌어진다고 보기 때문이다.

상거래상의 뇌물은 떡값에서부터 거액이 오고가는 수준까지 다양하다. 뇌물이 가진 본래적인 뜻에 충실한다면 권력자가 뇌물을 받는 대상이 된다. 사사로운 이익을 위해 권력자에게 주는 정당하지 못한 금품이라는 정의는 왠지 낡은 것

으로 생각되기도 한다. 이른바 언더머니(Under-Money)는 비밀을 전제로 하지만 어떤 경우는 아예 공인된 수치가 관행이란 이름으로 정해져 있기도 하다.

리베이트란 뇌물과 같이 정당하지 않은 것이 아니다. 어떤 가격으로 일단 물건을 판 후 사례금, 보상금의 형식으로 일정 비율의 금액을 산 사람에게 돌려주는 것이 진정한 의미의 리베이트다. 그러나 요즘은 판 사람은 없는데도 리베이트는 발생한다. 권력으로 도움을 주었는데도 리베이트가 간다. 정당한 행위에도 리베이트가 요구된다. 우리의 현실이다.

북한 비즈니스에도 엄연히 뇌물 혹은 리베이트, 나아가 '공짜 기부(寄附)'가 있다. 기부라는 항목이 약간은 독특하다. 어떤 일을 보조하는 목적으로 전달되는 재물(財物)이 참뜻이다. 그러나 북한은 남한기업에 대해 막연한 기부를 요청하기도 한다. 식량이나 식료품에 대한 요청은 무상 공여의 개념보다는 단순 기부에 가깝다. 대가를 어떻게 지불하겠다는 말도 없다. '어떤 일'에 사용된다는 단서 조항도 없다. 막연히 북한 주민에게 배부되겠지라는 생각뿐이다.

90년대 초 북한산 시멘트가 한참 들어오던 시절의 이야기다. 얼마 지나지 않았지만 호랑이 담배 먹던 시절 만큼이나 그때의 상황은 지금과 천차만별이었던 것 같다.

북한산 시멘트를 북한 모 회사를 통해 공급받은 중국기업은 이를 한국으로 팔아 상당한 이익을 챙겼다. 공식적으로 북한 회사에 주는 이익 외에도 향후 비즈니스를 위해 약간의 뇌물을 써 둘 필요를 느낀 중국기업의 사장은 시멘트 업무를 총괄하는 과장에게 상당액의 뇌물(약 2만 불이었다고 한다)을 건네주었다. 그 이후 다시 거래 건이 있어 그 사람에게 연락해 보니 그는 더 이상 그 자리에 있지 않았다고 한다. 들려 오는 말로는 그 돈으로 뇌물을 써 지방의 좋은 자리 하나를 꿰어찼다 했다. 목적을 제대로 이루지 못한 뇌물이었다는 결론이다.

한국기업의 북한 방문에 대한 뇌물 논쟁도 한동안 뜨거웠다. 고려민족발전산업협회(약칭 고민발)는 1992년 등장한 대남 전문 당(黨)조직이었다. 남한기업의 방북에 상당한 금액을 요구한 적이 있고, 이것이 문제가 되어 결국 1994년 해체되고 말았다. 그들이 혼자 이 돈을 삼킨 것은 아니겠지만 그네들끼리도 문제가 되었다는 설(說)이 파다했다.

조그만 행사를 하나 하려고 해도 북한기업이나 단체들은 돈을 요구한다. 여비를 보태주는 것은 차치하고 나오는 데 따른 리베이트를 요구하니 문제다. 그들이 노벨문학상을 탄 사람 정도라면 행사 스카우트 비용으로 경비를 지불할 수 있지만 별로 대단하지도 않은 인물인데도 돈을 달라니 답답할 노릇이다. 그래도 북한과의 교류가 가진 센세이셔널한 측면으로 인해 이런 요구는 상당 부분 수용되고 있다. 어찌 보면 버릇만 나쁘게 만드는 꼴이다.

그들 나름대로도 이유는 있다. 부족한 예산 구조와 허가 기관에 들어가는 또다른 뇌물이 필요한 측면도 있다. 그러나 이런 식의 교류는 결코 서로에게 도움이 되지 않는다. 합리적인 측면을 서로 의논하여 조정하는 작업이 요청된다. 그래도 당분간은 이런 식의 거래가 상당할 것으로 추측된다.

북한기업에게 아예 돈을 듬뿍 주어 유혹하려는 사람도 있다. 아예 전문 중개자가 있어 그들의 상부 기관을 돈이나 물건으로 설득하는 작업을 펴는 남한기업도 있다 한다. 북한은 외국 동포의 무상원조를 많이 받았다고 선전하는 나라다. 수천만 불에 이르는 병원도 공짜로 지어 주고 국가에 헌납했다는 점을 다른 모든 기업들에게도 동일하게 적용하려는 경향이 있다. 이런 형국에서는 사용 가치가 있는 로비 자금이라고 해도 실제 드러나는 부분은 극히 미약한 결과가 될 소지가 크다.

북한 비즈니스에서 로비가 차지하는 역할은 북한의 결정권자가 상부 계층에 있고 아직도 하부로의 권한 이양이 되고 있지 않음을 반증하는 요소다. 그렇다고 상대할 사람이 상부밖에 안 된다는 것도 맞지 않다. 외국 교포가 기증한 돈은 표시가 안 나도 물건은 누가 주었는지를 안다. 북한 모 회사 과장의 말이다.

"높은 사람 돈 주면 우리한테까지 옵니까. 우리가 일 안 하면 그 사람들이 일해 줄 것 같습니까. 차라리 지난해 ○○ 교포가 보내 준 타자기는 누가 준 것인지 이름이 안 박혀 있어도 우리 모두가 누구 것인지를 잘 압니다."

북한사회에도 이런 식의 '담당자 실권 구조'가 엄연히 존재한다. 실제 각 기업들에 필요한 것은 돈이라기 보다는 사용 가능한 타자기 한 대가 더 가치 있는 것인지도 모른다.

돈은 누구나 좋아한다. 그러나 잘못 사용하면 마약이나 극약이 될 수도 있다. 북한사회는 벌써부터 내부적인 부정 부패가 만연되는 조짐을 보인다. 부패된 사회일수록 돈에 대한 무서움을 모르는 법이다. 요구하는 액수가 날로 커질 수 있다. 바늘 도둑 소 도둑이 된다는 사실을 생각해야 한다. 남한 기업의 경쟁 의식이 자칫 단가(單價)만 상승시킬까 두려운 마음이다.

몸짓이 다르다

그들에게는 사실 김일성 주석의 죽음에 눈물이 날 수밖에 없는
오랜 세월과 그런 교육이 있었다는 점을 빼놓고는 추론이 불가능하다.
상대를 당혹스럽게 하는 그들의 정치적 발언도 따지고 보면 이런 기초에서는 별로 중요한 요소가 못 된다.
중요한 것은 그들의 말, 행동 등에는 그들 나름의 곤혹스러움이나 기쁨, 거부감의 표현 등이 배여 있다는 점이다.
그것을 잘 파악하는 것이 힘든 부분일 뿐이다.

북한 사람을 만날 때는 우선 가슴 속에 백지(白紙)를 만드는 것도 하나의 방법이 된다. 괜스런 고정관념이 판단을 해치는 무기가 될 수 있기 때문이다. 과거의 '빨갱이' 교육을 받은 사람들은 아직도 그들의 이마에 빨갱이, 간첩이란 붉은 글씨가 적혀 있다고 생각하는 사람이 있다. 나도 그중의 한 사람이라고 쓴웃음을 짓는 분들이 있을 것이다. 특히 그런 사람들은 담담한 마음 상태를 유지하는 게 사태를 객관적으로 파악하는 데 썩 약효가 있다.

특히 그들이 취하는 모습들은 우리가 익숙해 있는 생활 속의 모습과 다르다는 점을 생각해야 한다. 만나기 전의 상상과 추측이 일시에 무너질 때 머리 속에서는 오히려 멍할 정도의 혼란이 생긴다. 잘못하면 너무도 평범한 판단이 나올 수도 있다. 모 인기 탤런트가 중국을 방문했을 때, 길을 지나가던 북한 사람들이 김일성 배지를 단 것을 보고 처음 바다를 본 어린애처럼 "야! 저기 김일성이 있네." 했다는 식의 엉뚱한 행동이 동반된다. 그 탤런트가 쓴 자서전 같은 책자에도 이 사항은 그대로 옮겨져 있다. 마치 새로운 사실을 발견한 콜럼부스적인 이야기가 왠지 서글프게 느껴질 정도다.

이를테면 "어 저 사람들도 X은 누고 살잖아.", "눈 코 귀 다 똑같이 붙어 있네.", "뭐 별반 다를 게 있을려고." 등도 그런 유의 말이다. 요즘은 북한 소식에 대해 일부분의 공개가 이루어지다 보니 한결 이런 부분은 해소되긴 했지만 그렇다고 달라진 것은 많지 않다. '내가 생각했던 것보다……' 등의 수사(修辭)가 가진 위험은 곧 '어쩌면……' 등의 환상으로 이어진다. 아니면 '역시……' 등의 단정적 판단으로 규정되기도 한다.

우리에게 중요한 것이 그들과의 비즈니스라면 이렇게 내심(內心) 내린 판단은 별반 도움이 못 된다. 지피(知彼)를 위해서는 상대의 입장에서 우리가 얻을 수 있는 강점과 약점에 대한 분석 재료를 추출해 내야 하기 때문이다. 그래서 고민 아닌 숙고(熟考)를 하는 것이다.

북한을 단순히 사회주의 국가 정도로 보는 사람에게 문제 소지가 크다. 북한 식의 표현을 빌리자면 "마르크스주의와 주체사상은 차이가 크다.", "마르크스주의는 계급간의 갈등을 토대로 발전한다는 주장이지만 주체사상은 모든 생명력을 합해서 힘을 모아 발전하자는 논리다." 등의 주장을 한다. 이를테면 사회주의 이념을 구현하는 방법에서 북한이 선택한 것은 '주체'라는 말에 온갖 비중이 두어져 있다.

사회구조 측면에서 북한은 수령을 정점으로 '수령·당·인민 대중'이 하나의 유기체를 이루는 형식의 통일체를 가지고 있다. 주체의 성격적 구분은 중세 문화론 즉, 절대군주적 지배로 파악되기도 한다. 김일성 주석이 죽긴 했지만 주체의 변화는 크게 눈에 띄지 않는다. 그러다 보니 아직도 "남한 사람들은 김일성 주석이 서거하셨을 때 우리 처지에 대한 오해가 너무나 많았다."라는 말이 자연스럽게 나온다.

북한사회가 가진 특수성은 그들의 행동에서도 쉽게 나타난다. 거의 신정체제(神政體制)의 수장(首長)이었던 김일성 주석의 죽음은 그들의 당연한 슬픔이었다는 것은 이해 못할 일이 아니다. 우리도 박정희 대통령의 죽음 앞에 눈물을 흘린 사람들이 많았지만 지금은 공과(功過)를 따져 그를 재평가하고 있다는 사실은 역사의 질곡(桎梏)을 대변해 준다.

신정(神政)과 독재(獨裁)란 공통점을 찾기 어렵지 않다. 의사 결정 능력이 상위 80%, 하부 20% 정도의 구조라면 80%의 사소한 변화는 20%의 엄청난 종말(終末)로 통한다. 그들에게는 사실 김일성 주석의 죽음에 눈물이 날 수밖에 없는 오랜 세월과 그런 교육이 있었다는 점을 빼놓고는 추론이 불가능하다.

상대를 당혹스럽게 하는 그들의 정치적 발언도 따지고 보면 이런 기초에서는 별로 중요한 요소가 못 된다. 중요한 것은 그들의 말, 행동 등에는 그들 나름의 곤혹스러움이나 기쁨, 거부감의 표현 등이 배여 있다는 점이다. 그것을 잘 파악하는 것이 힘든 부분일 뿐이다.

그렇지 못하면 그들과 사고를 공유한다는 것 자체가 불가능하다. 비즈니스도 예외가 아니다. 당장 비즈니스란 말의 개념조차 적어도 남·북한 간에는 구분이 확연해지는 모호한 단어 중의 하나다.

북한사회는 통일된 통제 속의 비즈니스가 존재한다. 그들에게 사영(私營)은 아직 꿈꿀 수 있는 대상이 아니다. 결국 그들이 언급하는 무역, 투자 등의 행위는 국가사업 중의 하나일 뿐이다. 중국에서는 밀수가 되는 자동차의 수입이 북한에서는 중국으로 보내는 정상적인 수출 통과 과정의 하나로, 엄격한 거래의 틀 속에서 진행된다.

남북교류협력법에 의거 북한과의 교역은 반출과 반입이란 용어를 사용하기로 정하고 있다. 내국(內國) 기준이다. 그러나 상대해 보면 다른 외국(外國)보다 어려움이 많을 뿐이다. 우리가 사용하는 이 용어도 그들의 입장에서는 받아들이기 껄끄러운 '우리만의 것'일 뿐이다.

제스처를 보자. 가끔씩 열변을 토하는 그들의 모습을 보면 몹시 의아스러운 생각도 들지만 상대하는 숫자가 1인이 아닌 다수일 때 '아하! 이 사람은 이런 이야기를 하는 역할을 맡고 있구나'라고 생각하면 문제는 간단하다. 공연한 정치 논쟁이 시작되면 그 길로 비즈니스는 별로 중요한 문제가 못 되게 된다. 양쪽 모두 상대를 자신의 이념으로만 설득하려 하면서 좋은 결과를 기대하는 것은 무리이기 때문이다.

식사 자리에서 그들이 음식을 맛있게 먹는다고 '쟤들은 먹을 것이 신통치 못하니까 이런 자리에서 배불리……'라고 생각한다면 그것은 그들과의 교류를 포기하는 것만 못하다. 북한 사람들의 자존심은 우리가 상상하는 것보다 강하다. 거의 콤플렉스에 가깝다. 자기네들이 밥을 사지 않는 자리는 잘 나오지도 않는다. 나왔다 해도 우리의 이런 태도는 곧장 얼굴에 나타날 것이고 그러면 협상은 진행되기 어렵다.

태풍으로 인해 남쪽 항에 표류해 온 북한 선원들에게 한 끼 밥을 먹이기란 쉽지 않았다고 한다. 맛있는 불고기집에 가서 아무리 음식을 권해도 어느 한 사람 젓가락을 든 사람이 없었다. 오히려 이런 것은 줘도 안 먹는다거니, 공화국에서도 이 정도는 많이 먹었는데 이런 것밖에 없냐느니, 하는 투정이나 강짜들이 난무했을 뿐이다.

결국 모두 2인 1조로 남쪽 사람 한 명 북쪽 사람 한 명이 한 팀이 되어 각자 좋아하는 요릿집을 찾아간 순간 그들은 대부분 배고픈 사람들의 전형들을 보여주었다고 한다. 여럿이 있는 자리에서의 그들의 행태는 결국 본심이 아니었던 셈이다. 그들의 행동은 이렇게 우리와 몹시 다르다.

그들의 생각과 행동 패턴을 이해하는 문제는 이처럼 난제 중의 난제다. 그럼에도 이를 효과적으로 대응하기 위한 의식 즉, 상대의 몸짓이 다름을 전제로 이해하다 보면 문제는 어렵지만도 않다. 비즈니스맨에게 중요한 것은 바로 그들의 행동을 빨리 읽어 주는 것일 수도 있다. 거기에 정확성을 덧붙이기 위한 편견 없애기는 한결 비즈니스를 쉽게 한다.

불규칙 바운드는 항상 있다

북한이 가진 불규칙 템포의 대남 정책은 한마디로 '변칙 플레이'로 정의될 수 있다.
남한 기업이 남한 정부의 정책에 따를 수밖에 없듯이 북한 기업 또한 마찬가지다.
그들이 의도하지 않아도 남북한 관계의 지속적 긴장 관계는 사건(?)을 만든다.
기업의 입장에서 정치적 변수는 늘 고려해야 할 대상이다.
그러나 언제나 그렇듯 정부가 우선되기보다는 기업의 발걸음이 개척 시장에서는 먼저 닿아 있었다.
위험이 있는 만큼 매력도 있지 않으면 이런 일이 생겨날 수 없다.

1995년 8월. 매년 8월 남북한 관계는 긴장이 고조되었다. '광복'이란 단어가 남북한에 미치는 영향은 '정통성'이라는 양쪽의 핵심 말초신경을 자극한다. 올해는 유난히 광복 50주년, 분단 50주년을 맞는 해이기도 해서인지 한편으로 좋은 기대와 나쁜 예측이 교차된다. 남한 정부가 주장해 온 바 대로 "정통성이 있는 정부는 모든 남북한 문제에 당위성을 지닌다."는 말이 북한에 그대로 받아들여지길 기대할 만큼 가벼운 상황은 아니라서 더욱 그렇다.

다시 8월의 상황. 7월 말 대통령의 미국 방문시 8·15에 파격적인 대북 제안이 준비되고 있다는 인터뷰를 했고, 그 시점을 얼마 앞둔 시점에 미묘한 3가지 사건이 발생했다. 목사가 납치된 것으로 추정(?)되었고 쌀 수송선인 삼선비너스호가 불법 사진 촬영을 이유로 억류되고 북경에서 8월 10일 예비된 '3차 쌀 회담'이 무기한 연기되었다. '쌀 회담'은 남한측에서 '남북고위급 회담'이라고 했지만 북한은 여전히 '쌀회담'으로 불렀다.

8월의 목사납치사건은 그 자체로는 별다르게 남북한 관계를 긴장으로 몰지 못했다. 애매한 부분도 있어서인지 남한이 이를 가급적 대화의 기조를 깨뜨리는 악재(惡材)로 인정하지 않으려 했기 때문이다. 그러나 비너스호의 억류는 상황이 달랐다. 쌀공여의 전면 중단으로 당초 공여대상량 15만 톤에서 7만5천 톤이 북한으로 양도된 시점에서 작업이 그쳤고, 센세이셔널할 것으로 기대되었던 8·15 제안도 대폭적인 수위 저하 조절이 뒤따르고 말았다. CNN 등 외국 언론들과의 약속(?)은 국내 상황에 의해 쉽게 물 건너 가 버렸다.

사과를 하고 쌀을 다시 보내는 과정을 거치면서 대북 저자세 외교 대응은 심지어 '굴욕'으로까지 받아들여졌다. 이런 와중에서 그 동안 북한 체제의 안정이 남북한 관계 개선에 유리하다는 유화론자들과 대북 쌀공여를 진행했던 사람들은 북한의 현실을 제대로 파악하지 못했음과 진행상의 매끄럽지 못한 부분 등을 이유로 비난의 화살을 감수해야 했다.

바로 이와 같은 답보(踏步) 상황이 지난 몇 년간 남북한 관계의 주류를 이뤘다. 되는 것도 없고 안 되는 것도 아닌 교착(交錯) 상황이다. 남북한 양측이 서로의 입장을 대내외 정치적 상황에 충실히 활용하고 있다. 상대가 잘 활용하는 '꼴'을 보아줄 수 없다는 태도도 엿보인다. 어쩌면 상황의 정체(停滯)는 우리가 생각하는 것보다 더 오랜 시간 지속될지도 모른다.

불규칙한 바운드는 럭비 게임을 생각하게 만든다. 럭비공처럼 공의 모양에 의해서 혹은 땅이 고르지 못해서 생기기도 하는 현상이다. 8월 상황과 같은 공 자체의 비원형(타원)으로 인한 문제는 게임의 룰을 서로가 정확히 안 지킬 때 발생한다. 지킨다면 개선될 소지도 있다.

그러나 아무리 생각해도 개선이 얼마나 어려운 것일까, 하는 의견들이 많을 것으로 보인다. 전반적인 평가는 한마디로 위험수위다. 땅이 고르지 못한 예도 있다. 쌍방의 입장이 조화된다고 해도 주변의 여건이 이를 달가워하지 않는 경우도 있다.

남한의 대북 정책은 심히 흔들린다. 한 방향으로 지향된 것이 아니라 상황에 의해 대처하는 케이스 바이 케이스 식이다. 당연히 대부분 대응책이 장기에 걸쳐 준비된 것이 아니다. 짧은 기간 내 상부가 지시하고 하부는 준비하는 시스템이다. '힘이 센 자'가 결정의 여론을 주도하고 진행시킨다. 물론 공개적으로 많은 머리를 짜낸다 해도 말이 많기는 마찬가지일 수도 있다. 우리의 목소리가 그토록 자주 이야기하는 '통일(統一)'과는 거리가 멀다.

북한도 이런 점에서 다를 바 없다. 그들 내부의 대남 정책이 여하(如何)하건 간에 표현되는 도발성은 여전하다. 예고된 사건들보다는 '깜짝쇼'처럼 일을 저지른다. 남한 내 분위기를 혼선에 빠뜨리는 것이라면 성공적이겠지만 이렇게 해서는 상대에게 신뢰를 주지 못한다.

정치뿐만 아니다. 경제도 마찬가지다. 뭔가 확실한 이야기를 않는다. 북한이 도대체 어느 지역을 개방할 것이냐는 질문에 그들의 대답은 현실과 다르다. 남한기업에게 나진·선봉 지대의 투자를 허용한다고는 해놓고 후속 조치는 영 딴판이다. 분명한 이야기도 없는 상황에서 투자를 실행할 자본주의 기업은 없다는 사실을 그들은 인정하지 않는 것인가.

북한이 가진 불규칙 템포의 대남 정책은 한마디로 '변칙 플레이’로 정의될 수 있다. 남한기업이 남한 정부의 정책에 따를 수밖에 없듯이 북한기업 또한 마찬가지다. 그들이 의도하지 않아도 남북한 관계의 지속적 긴장 관계는 사건(?)을 만든다.

기업의 입장에서 정치적 변수는 늘 고려해야 할 대상이다. 그러나 언제나 그렇듯 정부가 우선되기보다는 기업의 발걸음이 개척 시장에서는 먼저 닿아 있었다. 위험이 있는 만큼 매력도 있지 않으면 이런 일이 생겨날 수 없다.

럭비의 룰을 생각하면서 정치의 흐름과 복잡한 세계 각국과의 역학 관계도 고려하여 어디로 공이 튈 것인가를 잘 예측해야 한다. 스포츠가 꼭 잘 정비된 필드에서만 이루어지지 않듯이 비즈니스도 ‘멍석 깔아져야 판을 벌이는’ 것은 아닌 것이다.

낮말은 새가 듣고 밤말은 쥐가 듣는다

영화에서 보듯 총 들고 수류탄 터뜨리는 첩보 전쟁은 아니지만 비즈니스는 더욱 무서운 전투라 보면 된다.
총칼보다도 더 무서운 상품과 돈을 움직이기 때문이다.
정보를 유의하여 다루는 것은 정보를 얻는 것보다 나의 정보를 잘 지킨다는 마음에서 출발한다.
비즈니스 정보의 가치는 잃고 나서야 알게 된다.

바야흐로 정보 전쟁이 벌어지고 있다. 아무리 철통 같은 패스워드(password)를 걸어 놓아도 해커는 침입한다. 신용카드까지 불법 판독되어 복제되는 세상이다. 첩보(諜報)란 적의 정세를 탐지하여 보고한다는 뜻을 지니지만 요즘은 자신이 전혀 의도하지 않은 순간 다른 사람의 수중으로 귀중한 정보가 넘어가는 예가 흔하다 보니 비밀이란 개념이 무색해진다.

정보에는 여러 등급이 주어진다. 특급, 일급, 이급, 삼급,

대외비, 사내비, 보안주의 등 내용에 따라 다양하게 분류된다. 볼 수 있는 사람도 원칙적으로 제한되지만 잘 지켜지지 않아 문제다.

주지하는 바와 같이 공중 통신망이나 케이블 통신도 남북한 공히 청취된다. 대북 업무가 대부분 북경(北京)이나 중국(中國)의 동북 지역, 홍콩, 일본 등지를 중개로 업무 연락이 진행된다는 점에서 사실상 대부분의 정보는 양측 정보기관의 일상 점검 대상이라 해도 과언은 아니다.

업무에 익숙하지 않은 사람들의 정보 보안의식은 매우 떨어진다. 쓰지 않아야 할 말이 팩스에 아무렇지도 않게 적히기도 하고, 떠들지 않아야 할 내용도 전화나 술자리를 통해 자랑삼아 유포되기도 한다. 의도적인 정보 유출, 즉 '루머만들기' 따위의 테크닉이 있기는 하나 초보자가 섣불리 구사할 방법은 아니다.

대체로 정보 의식이 결핍된 층은, 크게 단체의 장(長)급 인사나 신출내기 사원으로 최상과 최하 쪽에서 형성된다. 상부 인사의 경우 자신의 소홀함을 잘 인정하려 들지 않는 경향이 있지만 고급 정보는 '정보를 가진 자'의 손이나 입이 아니면 흘러 나갈 소스가 없다. 하부 인원의 정보 소홀은 대개 업무 진행의 서투름에서 발생된다. 고급 정보가 아닌 경우가 대부분이나 중요한 정보 여부를 판별하는 능력이 없다 보니 의외로 굵직한 정보가 유출되는 때도 있다.

우리의 "낮말은 새가 듣고 밤말은 쥐가 듣는다."는 속담은 아무도 안 듣는 데서라도 말조심을 하라는 뜻과 함께, 비밀스럽게 한 말도 반드시 남의 귀에 들어가게 된다는 의미도 같이 가지고 있다. 이 속담 대로라면 비밀이란 없는 셈이다. 혼자서만 지킨다면 모르되 다른 한 사람이라도 전달자가 생기면 바로 그 순간 비밀이 아니라고 보면 틀림없다.

비즈니스를 하면서 지켜야 할 비밀은 많다. 거래와 관련한 모든 부분이 '우리끼리'만 아는 사항이 되어야만 상대와의 밀고 당기는 게임에서 먼저 노출되지 않을 수 있다. 기술이나 이를 필요로 한 생산품 등도 그 대상이다. 예를 들어 신제품 차(車)의 모델을 일정 시점까지 공개 않으려는 자동차 회사의 경쟁은 그것이 바로 '전쟁'에 준함을 실감케 한다. 친구에게 공장 일부를 보여줬다고 파면 당하는 사장이 생겨나고 있을 정도다.

외국의 식당이나 술집에서 만나는 한국 사람들은 유난히 업무 이야기를 많이 한다. 출장자도 있고 현지 상주자도 있다. 식사나 술자리가 업무의 연장이라는 의식이 있고 그 자리를 빌어 난제를 풀거나 혹은 쌓였던 스트레스를 해소하려는 생각이 많다. 거나하게 취하다 보면 있는 이야기 없는 이야기가 술술 흘러나온다. 그중에는 해서는 안 될 말도 많다.

대북 비즈니스를 하는 사람은, 성격은 다를 수 있지만 준(準) 첩보 요원이 될 수밖에 없다. 섣부른 공명심이 부르는 후폭풍은 너무 세어 주변의 모든 것을 날릴 수도 있다. 자리를 차지해 앉으면서도 주변을 살필 정도로 신중한 자세가 필요하다.

지나치다고 말할 사람이 있을지 모르지만 어차피 본인이 상대할 사람이 북한의 엘리트이고 준 첩보원이라면 이런 태도는 절대 과민 반응이 아니다. 혹여 그들과 자리를 함께 하여 진지한 사업 이야기라도 할라치면 이 정도 배려는 지극히 당연한 준비라 할 수 있다.

영화에서 보듯 총 들고 수류탄 터뜨리는 첩보 전쟁은 아니지만 비즈니스는 더욱 무서운 전투라 보면 된다. 총칼보다도 더 무서운 상품과 돈을 움직이기 때문이다. 정보를 유의하여 다루는 것은 정보를 얻는 것보다 나의 정보를 잘 지킨다는 마음에서 출발한다. 비즈니스 정보의 가치는 잃고 나서야 알게 된다.

자신을 고수(高手)라 여기지 말라

상황의 변화에 적응하는 진폭이 유난히 불규칙한 것이 북한 비즈니스다.
한국 정부의 대북한 협력 사업자 승인을 얻은 기업들도 막상
북한 사업을 추진하려면 1차적으로 북한의 완강한 저항에 부닥친다.
체제 수호를 위한 그들의 '자체 보호' 행동은 남한 기업들을 당혹시키기에 족하다.
그래서 섣불리 '내가 아니면', '우리가 아니면……' 하는 식의 자존심을 드높이는 자체가
사업의 실패로 쉽게 이어져 버린다.

'고수(高手)'란 한 분야에서의 최고의 기능, 실행력, 예측력, 추진력을 갖춘 인물을 말한다. 한마디로 다른 사람에 비해 실수의 확률을 가장 낮게 가진 능력을 이미 구비하고 있다는 의미를 가진다. 그렇다고 실수를 하지 않는 것은 아니지만 그 수업료는 최소화할 줄 아는 사람이다.

북한 업무에서 고수는 존재하는가, 하는 의문에 대한 답변은 몹시 궁색하다. 어느 나라이건 정보기관이 있으며 한국의 경우도 과거의 중앙정보부, 현재의 국가안전기획부(약칭 安

企部)는 대북 업무에 있어 산실(産室)이면서도 최강의 인력, 대처 능력을 가진 집단으로 볼 수 있다. 북한 관련 사항을 24시간 모니터링 하는 이른바 '음지의 전사'들이다. 그들의 공과(功過)를 떠나 반드시 필요한 조직이며, 적어도 다른 국가의 유사 기관에 비해 보다 강력한 힘을 기대하기도 한다.

그들과 일반인의 차이는 '훈련'에 있다. 다양한 정보 채널과 축적된 경험을 통한 교육은 조직내 개개인을 고수화(高手化)하는 과정에 속한다. 이에 비해 일반 비즈니스맨들은 좀처럼 이런 기회를 갖기 어렵다. 혼자서 공부하면서 판단하고 행동해야 한다. 훈련되지 않은 장점도 있는 반면 단점은 더욱 크다.

벼는 익을수록 고개를 숙인다지만 북한 업무라는 독특한 지역 분야는 자칫하면 '선무당'의 지경에서 이미 익어 버린 벼가 된 것처럼 착각하게 하는 묘한 마력을 가지고 있다. 북한과 한두 번의 업무를 해본 사람이라면 너나 할 것 없이 자신을 고수라 여긴다.

그만큼 층(層)이 두텁지 않음을 대변한다. 심지어 아무리 잘못된 이야기도 검증되지 못하면 거짓이 진실로 둔갑도 한다. 그래서 '카더라' 방송은 늘 유력한 소설 소재가 되는지도 모른다. 몇 개월 전의 이야기가 지금의 상황인 양 유포된다.

발없는 말이 천리를 오는 데는 시간이 걸리는 것일까?

북한 Y호텔을 둘러싸고 분양 독점권을 따냈다는 K사의 경우가 대표적인 예다. 북한측의 모 인사와 몇 차례에 걸친 교류에 의해 계약까지 체결하긴 했지만 한국 내의 복잡한 실행 메커니즘을 무시한 결과 사업 추진이 지지부진하게 된 케이스로 되고 말았다.

간과한 부분이 바로 이 점이다. 사업성에 대한 연구에는 충실했는지 모르나 이를 추진하기 위한 사전 조치들은 맹점(盲點) 투성이로 이 일이 잘된다는 것이 오히려 이상할 지경이다. '일을 벌리면 진행시켜 주겠지' 혹은 '다른 사람이 할 수 없는 일을 내가 해냈는데……'와 같은 의식이 북한 사업을 가로막는 큰 문을 열기 어려운 자물쇠로 잠궈버리는 계기가 된 셈이다. 더 나아가 북한기업이 아직은 이른바 '독점'에 대한 개념이 거의 전무하다는 사실을 간과한 것도 지적될 사항 중의 하나다.

불행히도 북한 비즈니스 만큼은 아직 고수라 불릴 만한 인물은 없다. 동구니 옛소련, 중국, 베트남 등에 진출해 본 경험을 바탕으로 사회주의 국가 진출의 고수를 자처하는 사람들이 있긴 하나 북한이 가진 특수성은 이들과 비교가 되지 않는다. 남한의 입장에서는 더욱 그렇고 기업인도 마찬가지다.

북한을 둘러싼 주변 환경의 변화는 거미줄처럼 복잡하게 얽혀 있다. 한반도의 근현대사가 가진 다단하고 복잡한 성격은 오늘에도 여실히 드러난다. 남북한, 미국, 일본, 중국 등이 한반도의 오늘에 대해 과민할 정도의 주시(注視)를 가하고 있다. 이곳에서 만큼은 냉전(冷戰)이 종식되어 있지 않다. 그러면서도 차가움의 정도는 바뀌고 있다. 환경이 달라지는 만큼 돌연변이 형국도 흔하다.

상황의 변화에 적응하는 진폭이 유난히 불규칙한 것이 북한 비즈니스다. 한국 정부의 대북한 협력 사업자 승인을 얻은 기업들도 막상 북한 사업을 추진하려면 1차적으로 북한의 완강한 저항에 부닥친다. 체제 수호를 위한 그들의 '자체 보호' 행동은 남한기업들을 당혹시키기에 족하다.

그래서 섣불리 '내가 아니면', '우리가 아니면……' 하는 식의 자존심을 드높이는 자체가 사업의 실패로 쉽게 이어져 버린다. 그러다 보니 납작 엎드려 아무것도 생각 않고 눈치만 보는 '복지안동형(伏地眼動型)' 북한사업 희망 기업들이 늘어난다. 심지어는 '이렇게 힘들면 안 하는 것이 좋아'라는 완전한 상업적인 발상을 솔직히 털어놓는 담당자들도 있다.

대북 비즈니스는 이처럼 변화의 와중을 헤매고 있다. 지극

히 혼재되고 중첩된 문제와 상황 속에서 우리가 가질 자세
는 가급적 겸허하고 완만한 ‘정중동(靜中動)’의 몸짓이다. 이
것이 가장 바람직하다. 그런 가운데 고수(高手)도 탄생하는
것이 아닐는지.

자기 방어도 필요하다

경험은 역시 사람을 강하게 만드는 측면이 있다.
그러나 대부분의 경우, 일정 단계를 지나면 겁이 없어진다는 데 문제가 있다. 판단에 착오가 생긴다.
이 정도가 되면 먼저 접근한 사람의 진의(眞意)를 구분할 능력이 있을지도 모르지만 한번쯤 다시 생각도 요한다.
오랜 북한 업무의 경험을 가진 H씨의 말이다.
"갈수록 조심스러워. 처음에는 오히려 겁이 없었는데.
요즘은 누가 먼저 내게 말을 걸어오면 별로 탐탁하게 생각되지 않아.
내가 먼저 시작하면 괜찮지만 저 쪽이 먼저 오면 그게 영 찜찜하단 말이야."

요즘은 배낭여행족이 늘어나고 있다. 현재 해외에 나가 있는 배낭여행족만도 3만 명이 넘을 정도니 가히 해외여행의 시대라 불려도 좋을 성싶다. 여행 중에는 많은 사람을 만난다. 그중에는 좋은 사람도 있고 나쁜 사람도 있을 것이다.

최근 이들과 관련된 이야기 가운데는 몸 버리고 돈 버린 사례들도 심심찮게 들려 온다. 처음 가는 외국에서 자신을 친절하게 대해 주는 사람에게 마음이 끌림은 사실이지만 대개 당하는 경우도 이들에 의해서라는 점을 유의해야 한다.

중요한 것을 덥석 맡겨 버린다거나 혹은 상대로 하여금 충분히 오해를 살 만한 행동을 하는 경우도 있으므로 이 모든 잘못은 쌍방과실로 보는 것이 좋다. 당한 사람만이 손해가 난다고 봐도 무방하다. 시쳇말로 '죽은 자만 억울하다'고 할 수 있다.

해외에서 먼저 접근하는 사람은 대체로 '경계 대상 1호'로 봐야 한다. 그 사람이 아무리 호의를 가졌다손 치더라도 그렇다. 한국 사람이 많이 사는 동네일수록 이유 없는 접근은 별로 좋게 평가할 수 없다. 해외 생활을 해본 경험이 있는 사람이라면 처음 보는 상대에 대한 불필요하거나 정도를 넘어선 호의적 행동이 결코 쉽게 나올 수 없음을 이해할 수 있다.

목적 없는 접근이 없다는 말이 된다. 그렇지 않으면 그 사람이 할 일 없는 사람이거나 사람들과의 만남을 대단히 좋아하는 인도주의자 혹은 자유주의자 등 흔히 보긴 어려운 유형의 사람으로 볼 수밖에 없다. 여행의 목적이 이런 사람과의 조우(遭遇)를 통해 무엇인가 얻어 보려는 낭만적인 데 있다면 이들을 물리칠 필요까지는 없다. 그러나 결과는 책임져야 한다. 본인뿐이기 때문이다.

비즈니스라는 뚜렷한 명분을 가진 경우라면 본질적으로

이런 접촉이 어렵다. 가끔씩 우리는 비즈니스를 여행과 동일시하여 같은 범주로 섞어 두지만 주어진 업무가 있을 경우는 여행이 될 수 없다. 태반이 그렇다. 그러므로 엉뚱한 만남도 경계해야 할 요목이 된다.

중국 출장을 다녀온 K씨의 경험담이다.

"공항에서 대련(大連) 비행기를 기다리고 있는데 김일성 배지 단 두 사람이 옆좌석에 앉더군요. 한 번도 그들과 만나본 적이 없어 기분이 묘해지는데 이쪽에서 먼저 말을 걸 수가 있어야죠. 가만히 앉아 있었죠. 두 사람 중 내 옆에 있는 사람이 불쑥 '남조선에서 왔습니까?'하고 말을 걸더군요. 엉겁결에 '예'하고 답하고는 말았죠. 그 다음에는 특별한 얘기도 없이 헤어졌어요."

처음 그들과 마주친 사람은 대체로 이런 반응이 정상적일는지 모른다. 좀 더 진보된 형태도 있다. 적극적인 성격을 가진 R씨의 말이다.

"D시에서야 북한 애들 흔히 보잖아요. 식당에서 옆자리에 배지 차고 앉은 애들이 있길래 먼저 말을 걸었죠. 정치 얘기 빼고 재미있는 이야기들 많이 했죠. 술도 여러 병 같이 먹고 계산은 내가 했습니다."

경험은 역시 사람을 강하게 만드는 측면이 있다. 그러나 대부분의 경우, 일정 단계를 지나면 겁이 없어진다는 데 문제가 있다. 판단에 착오가 생긴다. 이와 같은 정도가 되면 먼저 접근한 사람의 진의(眞意)를 구분할 능력이 있을지도 모르지만 한번쯤 다시 생각해 보기를 요한다.

오랜 북한 업무의 경험을 가진 H씨의 말이다.

"갈수록 조심스러워. 처음에는 오히려 겁이 없었는데. 요즘은 누가 먼저 내게 말을 걸어오면 별로 탐탁하게 생각되지 않아. 내가 먼저 시작하면 괜찮지만 저쪽이 먼저 오면 그게 영 찜찜하단 말이야."

북한과의 접근이 어렵다는 것은 우리에게 남은 이런 경계의 의식이 일시에 바뀌기 어렵다는 데 있을지도 모른다. 다른 외국을 여행하면서 외국인들과 만나 떠드는 것보다 긴장감이 남아 있는 이런 관계가 무서운 것이다.

경계(警戒)를 풀지 말라

사건들은 바로 해이해진 자세로는 북한 비즈니스를 할 수 없다는 점을 대변한다.
항상 경계를 하는 자세가 바람직하다. 언제 어느 순간 목표물로 둔갑할는지 모른다.
남북한 관계의 정치적 대치 상황으로 보아 나라고 가능성을 배제하긴 어렵다.
그렇다고 겁까지 내면서 사업을 할 순 없다.
말이나 행동까지도 조심하는 자세만이 철저한 성공을 보장할 수 있다.
몸에 익숙하게 만드는 데는 시간이 걸릴 수 있지만 안 할 경우 실수투성이가 될 공산도 배제는 못한다.

모두가 알다시피 남한에서 북한으로, 북한에서 남한으로 귀순하는 사람들의 행렬은 있다. 우리들의 뉴스에는 북한으로 넘어가는 사람들의 이야기가 실리지 않지만 이미 중국을 여행하는 사람들은 현지의 '카더라' 방송을 통해 이것이 사실임을 확인한다. 처음에는 의아한 기분마저 들지도 모르지만 차츰 그럴 수도 있다는 생각이 든다. 주로 사업 실패자들이 많아진다는 점도 특징 중의 하나다.

남한에 귀순한 사람들의 소위 북한 탈출 이유는 다양하다.

그러나 실상 범죄 행위로 인한 문제를 지닌 사람들이 많다. 복잡한 여성 관계가 귀순의 동기가 된 경우도 있다. 과연 이들을 남쪽이 좋아 내려온 사람들이라고 환대할 까닭이 있는지는 의문이다. 그들은 도시 빈민의 수년간 급여에 해당하는 금품을 정착금 조로 받는다. 불공평한 측면도 많다.

마찬가지로 남한에서 북한으로 넘어간 사람들도 대체로 이 범주를 벗어나진 않는다. 그 곳이 좋다고 생각해서 넘어간 사람들도 끼어 있겠지만 사업의 실패나 범죄 행위로 인한 국제 유랑자들도 상당수 있다. 그들은 얼마간 용도(用途)를 가지다가 폐기되기도 한다. 유행어인 토사구팽(兎死狗烹)과 같다. 두 쪽 다 엄밀히는 체제 적응의 실패자인 셈이다.

우리가 배운 교육에 의해 그리고 숱하게 벌어진 사건들 속에서 북한은 테러국으로 정의된다. 그러다 보니 해외에서 이들과 접촉하는 것 자체가 매우 힘든 작업임을 인정하는 마음부터 필요하다. 테러는 다양한 종류를 가지고 있다. 납치도 그중 하나다. 모 교회의 목사가 중국에서 납치된 것으로 의심되면서 북한 비즈니스를 하는 사람들은 너나 할 것 없이 한마디씩을 거든다. 대개 이런 말이다.

"어이구! 이젠 몸조심해야겠는데."

"출장도 못 가겠구먼. 겁나서 가겠어."

"골치 아픈 이 사업 말고 다른 쪽으로 옮겨 달라고 해야겠는데."

"그 사람 딴 짓 하다 찍힌 것 아냐?"

"걔들 아직도 그러면 우리 같은 사람은 어쩌라고 그러나."

"사방팔방 둘러보면서 일해야겠네. 눈 아프겠는데."

"설마 나 같은 사람 잡아가서 뭘 할라고."

불안해하면서도 나는 괜찮겠지라는 심리까지 엿보인다. 아직도 북한에 억류된 공식적인 피납자가 있는 마당이고 보면 불안도 잘못된 게 아니다. 유엔 인권위원회가 아무리 떠들어도 북한이 안 보내 주면 그만이다. 그들로 볼 때 이들은 정치적인 희생양이지 인권(人權) 운운하는 말들의 대상물이 못 된다.

사건들은 바로 해이해진 자세로는 북한 비즈니스를 할 수 없다는 점을 대변한다. 항상 경계를 하는 자세가 바람직하다. 언제 어느 순간 목표물로 둔갑할는지 모른다. 남북한 관계의 정치적 대치 상황으로 보아 나라고 가능성을 배제하긴 어렵다.

그렇다고 겁까지 내면서 사업을 할 순 없다. 말이나 행동까지도 조심하는 자세만이 철저한 성공을 보장할 수 있다. 몸에 익숙하게 만드는 데는 시간이 걸릴 수 있지만 안 할 경우 실수투성이가 될 공산도 배제는 못한다.

단순한 호기심에 이곳 저곳을 기웃대는 것은 의심을 사기 족한 것이다. 그것을 취해야 하는 임무를 가진 사람들은 따로 있는데도 본인이 그런 일을 하는 것이 자랑스러운 양 할 때 사고는 발생한다. 소영웅주의는 어느 순간이건 좋은 결과가 안 나온다. 막연하고 추상적인 재미있는 '가십거리', '추억 만들기' 성격의 행동은 어른이 할 바가 못 된다. 치기(稚氣)에 다름 아니다.

조심하면 하다못해 소매치기나 강도를 막을 수도 있다. 장점이 많다. 긴장을 많이 하면 심장병이 걸린다는 분들은 아예 북한 비즈니스를 안 하는 게 좋다. 북한과의 접촉이 가지는 돌발성에 대해 적어도 재발의 위험성이 없다고 확실히 보증하는 날까지는 내 몸은 내가 지킨다는 자세가 있어야 한다.

혹자는 이런 식의 표현을 서로를 불편케 하는 말이라고 지적할는지 모르나 분명 우리 주변에서 이런 일들은 벌어지고 있음을 상기하면 대답이 될 것이다. 상황의 호전은 반가운 일이나 악화의 가능성이 잔존하는 이상 대비하는 것 만큼 좋은 방책(方策)은 없다. 유비무환(有備無患)이 따로 없다.

Ⅱ장 북한 비즈니스는 이렇게

사전 준비를 하라

북한 기업도 상대가 사전에 나름대로 준비를 갖춘 기업을 좋아한다.
준비가 치밀하면 할수록 상대방에 대해 신뢰감을 가진다는 점은 당연하다.
준비되지 않은 상황이면 그들의 요구를 100% 수용하거나
혹은 우리에게 필요한 자료를 그들에게 끊임없이 요구하는 방법밖에 없다.
그렇다고 자료나 잘 챙겨 받을 수 있으면 천만다행이지만
실제 그들마저 이런 자료가 완비된 것은 아니란 점에 착안해야 한다.
이런 경우 때에 따라 '케이스 바이 케이스'식의 접근이 이루어질 수밖에 없고 상담의 끝은 늘 '불안'으로 점철된다.

준비(準備)는 상황을 설정해서 그에 맞게 대응하는 전략의 기본이다. 서류상의 준비도 있을 수 있고 전략적으로 상담을 어떻게 풀 것인가를 미리 짜보는 시나리오형 구상, 시뮬레이션도 있다. 일이 진행되기 전 모든 상황을 한번쯤 구성해 보는 것을 예비(豫備)라 하며 이처럼 사전 준비된 상태는 한결 실수를 줄일 수 있는 요건을 갖춘 것으로 파악된다.

상담에 임하면 상대가 어느 만큼 준비했는지 여부가 초기(初期)에 판별된다. 직접 상담이 이루어지기 전 상당한 교신

기간이 있다면 상대의 준비 자세를 엿볼 수도 있고 그에 맞는 대응책도 치열하게 강구된다. 그런 점에서 북한측은 대체로 대단히 잘 준비된 작업 일꾼들이 많다.

북한 비즈니스를 하는 사람들의 어려움은 여기에 있다. 그쪽 정보의 미비로 인해 사전 준비라는 말을 제대로 현실화시키지 못한다는 점이다. 뭔가 그쪽에 대해 파악은 해야겠는데 도무지 자료를 입수하기 어렵기 때문에 준비가 제대로 된 것인지조차 검증하기 어렵다. 북한의 통계라는 것은 모두가 추정치인데다 그것마저 제대로 된 것을 찾기 어렵고, 그것이 특정 상품인 경우는 생산 공장이 어느 구석에 박혀 있는지조차 알 길이 없다. 이런 상황에서 비즈니스란 언뜻 생각하기에 계란으로 바위 치는 격이다.

이런 상황에서도 많은 한국기업은 그야말로 주먹구구식 북한 비즈니스를 하고 있다. 단지 '없다'는 이유 하나만으로 자료를 구할 생각을 하지 않는 경우도 있고, 조금 해보다가 포기한 경우도 많다. 모 기업의 북한 담당 부장이 최근 내게 전화를 한 내용은 대표적인 것에 속한다.

"신문에는 자꾸 우리가 북한 진출한다고 나오고 있죠, 위에서는 사업 계획 세워서 내놓으라고 하죠, 필요한 자료는 찾아도 안 나오죠, 이런 상황에서 어쩌면 좋습니까!.."

아직도 한 단계 개선된 북한 비즈니스가 이루어지지 않음을 증명하는 이 말은 한국기업 대부분에 해당 사항이 있다. 어느 만큼의 정보라도 찾으려고 온갖 기관을 돌아다녀도 경제분야의 북한 정보란 아직은 개밥에 도토리 격으로 취합성을 보이지 못하고 있다. 기업들도 답답한 것은 마찬가지일 것이지만 문제는 이미 발표된 정보조차 제대로 안 챙겨 보는 무지함이 그 곳에 있음도 책망 받을 사항이다.

북한기업도 상대가 사전에 나름대로 준비를 갖춘 기업을 좋아한다. 준비가 치밀하면 할수록 상대방에 대해 신뢰감을 가진다는 점은 당연하다. 그들도 여타 국가의 기업이나 마찬가지인 것이다. 실행은 차치하고 그들과 대화를 풀어나감에 있어 한결 부드러움을 가질 수 있다.

준비되지 않은 상황이면 그들의 요구를 100% 수용하거나 혹은 우리에게 필요한 자료를 그들에게 끊임없이 요구하는 방법밖에 없다. 그렇다고 자료나 잘 챙겨 받을 수 있으면 천만다행이지만 실제 그들마저 이런 자료가 완비된 것은 아니란 점에 착안해야 한다. 이런 경우 때에 따라 ‘케이스 바이 케이스’식의 접근이 이루어질 수밖에 없고 상담의 끝은 늘 ‘불안’으로 점철된다.

약간이라도 자료를 준비한 경우는 다르다. 그들의 요구나 우리의 요청을 서로 비교 검토하고 서류들을 준비하는 작업이 진행될 수도 있다. 확정되지 못하는 부분은 적어도 체크리스트가 충실히 작성되어 정답이 될 수 있는 대부분의 정보를 이끌어 낼 수 있어야만 성사의 확률이 높다.

그러나 북한측이 엉뚱한 요구를 해 오는 경우도 많다. 같이 사업하자고 하는데 자료비는 따로 내놓으라는 식이다. 심한 비유로 치자면 '물에 빠진 사람 보따리 내놓으라는 격(格)'도 있다. 경수로협상과 관련해서도 북한측은 KEDO에 대해 원전 건설 예정지인 신포리 지역의 지질조사 자료를 돈을 내고 가지고 가라고 요구했다는 말도 들린다. 북한 프로젝트를 진행해 본 남한기업들 중에도 유사한 요구를 받은 경우도 있다.

그럼에도 불구하고 먼저 준비하는 것은 상당한 호감을 준다. I사의 경우 북한 방문 전에 예상될 수 있는 사업들에 대한 요목을 정리하고 그에 맞는 의향서 및 관련 자료들을 몇 세트씩 준비하였다. 상대 기업들은 I사의 준비에 약간은 감동한 듯했고 상담도 그만큼 힘이 적게 들었다. 물론 그중에는 잘못된 제안들도 있었고 상황과 맞지 않는 부분도 많았지만 기본을 정해 놓은 상황에서의 수정이므로 그만큼 힘을 적게 들인 것인 셈이다.

　사전 준비는 여하한 경우에도 반드시 거쳐야 할 작업 과정이다. 북한 비즈니스도 예외가 아니다. 기업 상부 인사의 얼렁뚱땅한 결정에 의해 일을 진행하려는 방식은 가급적 버리는 것이 좋다. 그것은 오히려 더 큰 문제, 이를테면 신용의 결핍 현상을 야기시킬 수가 있기 때문이다.

화제(話題)를 준비하라

서로 비즈니스 상담을 하는 자리에서 전체 시간을 상담에 소요하는 사람은 많지 않다.
식사를 하거나 술을 마실 때도 오로지 비즈니스 이야기만 하면 상대는 당연히 그 자리를 피하고 싶어한다.
북한 기업도 이 점에서는 예외 아니다.
정치적 격론이 벌어지면 현격한 입장 차가 있는 경우 대체로 쌍소리까지 오고간다.
아무리 정도를 낮춘다고 해도 아킬레스건과 같이 민감한 것을 유지하는 부분과 함께
자신의 입장이 토론으로 바뀌어질 수 없는 강경한 사고(思考)로 무장된 사람에겐 별로 통하지 않는다.

북한기업과의 대화는 서로가 터부시하는 영역이 있다. 김일성, 김정일에 대한 비판이나 북한식 사회주의를 공격하는 말, 북한 사람들을 얕보는 태도나 말들, 한국전쟁, 미군이나 소련군 등 현대사의 상당 부분에서 서로의 입장이 궁극적으로 다르게 정의되는 분야가 있다.

비즈니스 자리에서 외국인이 자꾸만 광주사태에 대해 물어올 때, 그것이 우리가 숨기고픈 이야기라면 거듭되는 질문은 짜증을 불러일으킨다. 중국의 문화대혁명(文化大革命) 세

대에게 문혁의 상황을 꼬치꼬치 캐물으면서 아픈 상처를 들추어내는 것은 실례라고 보면 서로의 아픈 부분을 이야기하는 것은 극히 위험천만하다. 화술(話術)의 테크닉을 백분 습득한 전문가라면 다르겠지만 이런 주제는 부담이 크다.

서로 비즈니스 상담을 하는 자리에서 전체 시간을 상담에 소요하는 사람은 많지 않다. 식사를 하거나 술을 마실 때도 오로지 비즈니스 이야기만 하면 상대는 당연히 그 자리를 피하고 싶어한다. 북한기업도 이 점에서는 예외 아니다. 정치적 격론이 벌어지면 현격한 입장 차가 있는 경우 대체로 쌍소리까지 오고간다. 아무리 정도를 낮춘다고 해도 아킬레스건과 같이 민감한 것을 유지하는 부분과 함께 자신의 입장이 토론으로 바뀌어질 수 없는 강경한 사고(思考)로 무장된 사람에겐 별로 통하지 않는다.

할 얘기가 없으면 금방 어색해진다. 서로 멀뚱하니 보면서 씩 웃을 수는 없는 노릇이고 이런 저런 이야기로 오히려 분위기를 부드럽게 풀어나갈 수 있다. 그러려면 사전에 다양한 대화 가능 화제를 가진다는 것은 시간을 충실히 활용하는 방법이 된다.

북한기업과 할 수 있는 이야기는 특별한 것이 아니다. 음악이나 철학 등 한 수 높은 이야기(?)는 그들에게 잘 통하지 않는다. 그것은 그들 사회에서 이러한 것을 즐길 수 있는 사람이 너무 제한적이기 때문이다. 사회주의란 문화, 예술 분야에도 깊숙이 자리잡고 있고, 특히 서양적 지식에 익숙한 우리로써는 말을 조절하기 쉽지 않다.

물론 그들이 연극이나 TV방송에서 본 내용들을 화제로 삼을 수는 있다. 정치성이 현저한 주제의 것이 아닌 대상이어야 함은 물론이다. 음식 이야기는 해외 출장 경험이 많은 사람들에게 좋은 이야깃거리에 속한다. '조선 사람'의 입맛 이야기를 하다 보면 자칫 기아(飢餓)나 빈곤이 주제가 되는 경우가 있으므로 주의를 요한다.

엉뚱하게도 대머리 이야기가 나올 때도 있다. 이를테면 상대가 머리가 자꾸 벗겨지는 사람이라면 원인이나 처방, 그리고 대머리와 관련된 재미있는 사항들도 충분히 화제가 된다. 김일성 배지 같은 경우 내용물 그 자체보다는 북한에 배지가 많은지, 어떤 것이 있는지, 배지의 디자인을 누가 했고, 재질은 무엇이라는 등으로 물어 볼 수 있을 것이다.

'술'은 빠질 수 없는 주제 중의 하나다. 북한은 지역마다 소위 그들의 명주(名酒)들이 많다. 이 지방 저 지방을 많이 돌아본 경험이 있는 사람이라면 그 사람이 맛본 명주들의 이름과 내용물의 구성, 맛 등을 들어볼 수 있다. 필요하면 선물을 요청해도 좋다. 중국이라면 중국 술과 비교도 할 수 있고, 이를테면 그들이 자랑하는 금패인삼주 같은 것들은 북한 내의 판매 상황까지도 체크 가능하다.

여자들은 언제나 남자들끼리 대화 중의 안주(?)격이 된다. 북한사회도 다양한 성(性) 문제가 폭증하는 추세에 있다. 대동강변의 연애 남녀들의 모습을 이야기하면서 연애의 방법을 묻는 것도 좋다. 약간 민감한 주제이긴 하나 어떤 사회나 유사한 문제가 있다는 점에서 화제로 삼을 수 있을 정도의 대상은 된다. 기타 Y담을 이끄는 것은 개인의 자질이지만 지나치게 나를 위주로 한 리드는 바람직하지 않다. 괜스런 반발 요인을 만들어 낸다. 한마디로 자기 자랑이 심하다는 인식이 들면 서로 감정이 상한다.

도박(賭博)도 가끔씩은 좋은 주제가 된다. 아시아 국가들은 어느 지역이나 도박이 횡행한다. 유별나게 사행심이 높은 것인지 아니면 제도적인 뒷받침이 없는 탓인지는 모르나 사회 문화적으로 보면 도박은 역사적인 큰 주류에서 벗어난 적이 많지 않다. 북한도 예외 없이 도박이 성(盛)한다. 가급적 그 현상보다는 사용하는 재질, 도구 등에 관한 질문이 좋다.

이런 이야기들은 사실상 논외(論外)의 가십 성격이 짙다.

그러나 서로를 어색하지 않게 공감을 이끄는 주제는 많다는 것을 생각할 필요가 있다. 어쩌면 우리가 이야기하고 싶은 주제들도 이러한 공감의 형성 없이는 딱딱한 상담을 벗어나지 못할는지도 모른다. 대화를 무난히 이끄는 아나운서들의 테크닉도 주의 깊게 봐야 하는 이유는 바로 이런 데 있다. 핵심을 찾기 위한 노력은 어떤 상황에서나 필요 요건인 것이다.

현재로써는 금기처럼 대두된 주제들이 많다. 대부분이 정치적인 이유로 인한 주제들이다. 그래서 민감성(敏感性)이 지나칠 정도로 서로에게 영향을 미친다. 아마도 이를 극복하는 데까지는 적지 않은 시간이 걸릴지 모르겠지만 처음 대하는 상대방에게 말조차 기술적으로 뱉지 못하고서야 그들과 비즈니스를 한다는 것은 어불성설(語不成說)이다.

화제(話題)는 준비된 자의 고유 영역이다. 아무도 이를 대신 해주지는 못한다. 준비한다는 것은 그만큼 상대를 예의주시하는 것을 의미한다. 그런 면에서 북한기업과의 비즈니스에서 화제는 처음과 끝을 동시에 연결해 줄 수 있는 중요한 변수가 된다

어설픈 민족주의는 금물

어설픈 민족주의적 발상으로 남북한의 교역을 진행하는 것은 도리어 해(害)가 된다.
적어도 비즈니스맨에게 있어서는 그렇다. 가급적 이것을 뛰어 넘어야 한다는 생각이 든다.
자신이 맡은 분야에서 어느 만큼 충실하게 접근하는가가 해답 중의 하나이지 않을까.
그러나 이 또한 도처에 위험이 도사리고 있다. 우리 내부에도 목소리는 하나가 아니다.
다양한 이유로 통일을 원치 않는 사람들도 늘어간다.
이런 와중의 상호 경제협력이란 단순히 구호일 뿐, 상업적 판단만을 목적으로 하는 접근이 될 수 없기 때문이다.

남북한의 국민들은 분명 하나의 민족(民族)이란 틀 속에 있다. 중국인, 일본인과는 구분되는 모양하며 서로가 다른 어휘를 구사하긴 하나 엄연히 하나의 언어 체계로 묶여 있다. 비록 50여 년에 걸친 분단(分斷)으로 인해 역사적 동질성이 심하게 왜곡되어 있지만 분명 우리는 하나의 민족이다.

그러나 불행하게도 우리는 두 개의 나라에 살고 있다. 남북한 어느 한 쪽도 두 개의 나라(二國)를 인정하려 들지 않는 배경에는 서로의 장자(長子)의식이 경쟁하며 도사리고 있다. 오랜 체제(體制) 경쟁의 승리자가 과연 누구인지는 아직 모른다. 객관적으로는 해방 이후 국제연합으로부터 정통성을 인정받았을 뿐 아니라 경제면에서 우세(優勢)를 지닌 남한이 스스로 형(兄)임을 이야기 하나 이 또한 반론이 있기도 하다.

남북한의 유엔 동시 가입이 이루어진 상태에서 더 이상 동일한 하나의 나라는 없다. 국제적인 기준으로는 말이다. 그리고 기나긴 형제(兄弟) 논쟁에서 어느 한 쪽도 형(兄)의 지위를 놓치지 못하며 낯을 붉히는 상황은 계속되고 있다. 전쟁(戰爭)과 그에 따른 침략의 책임, 그 속의 인물들이 혼재되어 있고 일제강점시기의 유산(遺産)을 청산하는 과정에서의 오류들도 남아 있다. 누군가는 공산당과 미군정이 한반도를 멍들게 한 원흉이라고는 하지만 어찌 생각하면 그것도 역사를 오늘에 비춘 작은 판단에 불과하다.

그 속에서 통일(統一)은 서로를 가슴 뜨겁게만 만드는 한 요인이 되지만 현실은 통일의 방식 문제에서부터 통일의 경제적, 사회적 부담에 이르는 광범한 문제들을 내놓고 있다. 한라(漢拏)에서 백두(白頭)에 이르는 길은 아직도 막혀 있고 두 쪽의 공집합은 여전히 찾기 어려운 과제로 남는다.

이런 여건에서 생겨나는 센티멘털리즘은 사리(事理)의 판단을 몹시 어렵게 하는 최대의 변수다. 이른바 민족지상주의와 같은 '한 민족'의 이야기는 오늘 남북한이 당면한 현실에서는 당혹감을 주는 주제임에 분명하다. 대부분이 공감하긴 하지만 그렇다고 모두는 아닌 실재(實在)하는 벽(壁)을 어떻게 넘어설 것인지 가슴이 답답하기도 하다.

광복 50주년이란 주제는 분단 50년으로 통하고, 앞으로 얼마 만큼의 세월이 유지될 것인지를 가늠키 어려운 현실에서 미래에 대한 불확실성은 높기만 하다. 추측되고 난무되는 판단들은 통일 당위주의(當爲主義)와 낙관주의(樂觀主義)를 언급하게 만들고 있다.

북한 비즈니스의 당위성도 어쩌면 이런 민족주의 발상을 근간(根幹)으로 한다. 북한에 진출해야 하는 이유도 한 가지만은 아니다. 북한 출신 기업총수는 "죽기 전에 고향에 유익한……."이란 미묘한 인도주의적 용어를 구사하지만 어떤 기업은 "산업 구조상 이제 북한으로 넘겨야 될 것이 많고……." 등 현실적인 필요성을 더 높게 사기도 한다.

북한에 대한 경수로의 지원을 두고 양쪽의 팽팽한 입장 차이도 이런 여론의 홍수에 한 몫을 한다. "당연히 받을 것을 받는다."는 북한의 주장이나 "통일 한국에도 소용되는 바 있을 것이다."는 남한 고위 인사의 말들이 가진 어긋남이 첨

118

예한 송곳처럼 맞대어져 있다. 한마디로 끝도 없는 소모전의 양상을 띤 경쟁(競爭)이 계속된다.

경제분야에서도 마찬가지다. 북한이나 남한 모두 상호 경제행위를 정치적 문제를 푸는 하나의 수단으로밖에 여기지 않고 있다. 통제된 접근이 양쪽에서 한 치의 어긋남도 없이 진행된다. 그럼에도 언밸런스는 여러 정책에서 곧잘 나타난다. 적화통일(赤化統一)과 흡수통일(吸收統一)의 갈등은 물과 기름과 같은 것이기 때문이다. 평화통일(平和統一)이란 말 속에 서로 다른 성격의 두 가지 방식이 숨겨져 있는 현실이 무거운 것이다.

비즈니스맨에게 있어 이런 정치적 현상은 제대로 양생(養生)되지 않은 콘크리트 위를 걷는 것 만큼이나 위험하게 느껴진다. 발이 푹 빠질 수도 있고 안전하게 건널 수도 있다. 개연성(蓋然性)이 있을 뿐 결과로 확연히 드러난 것은 없으니 문제다.

어설픈 민족주의적 발상으로 남북한의 교역을 진행하는 것은 도리어 해(害)가 된다. 적어도 비즈니스맨에게 있어서는 그렇다. 가급적 이것을 뛰어 넘어야 한다는 생각이 든다. 자신이 맡은 분야에서 어느 만큼 충실하게 접근하는가가 해답 중의 하나이지 않을까. 그러나 이 또한 도처에 위험이 도사리고 있다. 우리 내부에도 목소리는 하나가 아니다. 다양한 이유로 통일을 원치 않는 사람들도 늘어간다. 이런 와중의 상호 경제협력이란 단순히 구호일 뿐, 상업적 판단만을 목적으로 하는 접근이 될 수 없기 때문이다.

힘든 시대에 살고 있다. 빠른 변화의 시기이기도 하다. 설익은 감상적 민족주의가 오히려 비즈니스에는 장애로 작용한다. 목표가 있다면 그것이 표면화되지 않는 방법을 찾는 것도 중요하다. 타초경사의 우(愚)를 범할 필요는 없다. 너무나 복잡한 주제를 우리는 다루고 있는 셈이다.

상대의 능력에 주목하라

종종 지피(知彼)를 할 수 있는 능력자라 해도 지기(知己)를 못하는 인물들을 본다. K사의 경우도 그렇다.
국내 허가 기관들과의 불편한 관계는, 좋게 만든 북한과의 관계를 무색하게 만들어 버렸다.
아무리 북한측과 가깝게 지내면서 그 쪽의 접근을 튼튼히 했다 해도
'한국 여권'을 가지고, 남한과 북한을 연결하는 사업인 바에야 당연히 내 집 단속이 우선이다.
어떤 의미에서 비즈니스의 제1번 과제는
나의 능력이 어디까지 갈 수 있을지를 아는 것이 남을 파악하는 것보다 더 중요하다.
지기지피(知己知彼)인 셈이다.

개인마다 능력은 천차만별이다. 컴퓨터 전문가라고 해서 전 분야 즉, 하드웨어와 소프트웨어 모두에 능통하긴 어렵다. 프로그램 중에서도 어떤 것, 혹은 활용에 있어 무엇 하는 식으로 세분화될 수 있다. 전반적인 분야를 체크하는 사람은 한편으로 깊이 있는 접근에 약점이 있는 수가 많다.

내가 상대하는 인물, 집단이 어느 쪽의 노하우를 가지고 있는지를 파악하는 것은 여러 차례의 점검을 필요로 한다. 능력이 있는데도 이를 지나쳐 협력 혹은 활용하지 못한다면

그것은 나의 실수가 된다. 꼼꼼하지 못한 사람은 이런 면을 무시하는 경향이 높다. 그렇다고 그 사람이 꼭 비즈니스를 못한다고 매도할 수는 없다. 운(運)이란 것도 있기 때문이다.

북한기업은 실력이 제각각이다. 엄밀히는 해당 분야가 나누어져 있다. 주특기 같은 것이다. 내 소관이 아니면 취급이 어렵다. 게다가 내부적인 계통(系統)이란 것도 있다. 만나는 사람의 지위나 개인적인 성격을 보아 판단의 1차 기준으로 삼긴 하겠지만 그것도 옳은 이야기는 아니다. 그 사람이 연결할 수 있는 다른 채널이란 변수도 있다. 매우 종합적인 개념이 담겨 있는 셈이다. 그러다 보니 안 보이는 것을 무기로 사기를 칠 가능성도 높다.

남북한 '쌀 회담'이 개시될 때 첫번째 북한측 파트너였던 '조선삼천리총회사'는 북한에서 총회사 계열로 분류되는 일종의 종합상사이다. 그들의 최근 활동은 거의 정부의 무역기관 역할이 되고 있지만 회사의 성격면으로는 분명 대외무역회사의 하나일 뿐이다. 정무원 대외경제위원회에 소속되어 있고 남북한 교역에서는 의류 위탁가공 분야와 아연괴, 연괴, 열연코일 등을 취급한 실적이 있다. 남한의 기업들과도 잦은 접촉이 있다.

이 회사의 능력은 나름대로 검증된 것으로 볼 수 있다. 실적을 가지고 있고 실행력이나 추진력도 있으므로 믿음을 줄 요소는 많다. 그렇지만 이들을 통해 더 고급의 일을 할 때는 반드시 상부(上部) 인물이 나타난다. 전금철은 아태평화위 부위원장과 대외경제협력추진위원회 고문이란 명칭을 함께 사용했다. 그러나 실상 그가 속한 집단은 노동당이며 필요에 의해 대외 직위만 바꾼 것에 불과하다. 남한에서는 도대체 '고문'이란 직책이 뭘 의미하는지를 몰라 한동안 설왕설래한 적도 있다. 편의적인 사용에 불과하다.

이 정도의 연결을 했다는 점도 능력이 된다. 결국 '일'을 하기 위한 그 사람, 집단의 영역을 확인하는 작업은 테스트가 불가피하다는 말이 되지만 북한사회도 서서히 개별 인물 혹은 회사들의 능력이 드러난 단계에 와 있다.

상대(중개자를 포함)에게 100%의 신뢰를 주기 위한 조건은 이처럼 까다롭다. 그렇지만 검증되지도 않은 상대에게 무조건 믿음을 보내는 남한기업도 흔하게 본다. 대북 교역의 연륜이 깊지 않은 데다 접촉 가능 대상도 협소하다는 점 때문이다. 뒤집어 놓고 보면 이쪽을 상대하는 저쪽의 술수가 한 등급 높다고도 할 수 있지만 그것보다는 상대적으로 노출되지 않았고 확인 작업도 힘든 때문일 것이다.

지피지기(知彼知己)는 우리가 익숙하게 읊조리는 병법(兵

法)의 한 구절이다. 너무 흔히 사용되어 그 뜻이 바랜감도 없지 않지만 비즈니스의 기본 자세를 언급했다는 점에서 매번 되새겨도 시원치 않을 말이다. 상대를 안다는 것은 정말 힘든 과제이다.

종종 지피(知彼)를 할 수 있는 능력자라 해도 지기(知己)를 못하는 인물들을 본다. K사의 경우도 그렇다. 국내 허가 기관들과의 불편한 관계는, 좋게 만든 북한과의 관계를 무색하게 만들어 버렸다. 아무리 북한측과 가깝게 지내면서 그쪽의 접근을 튼튼히 했다 해도 '한국 여권'을 가지고, 남한과 북한을 연결하는 사업인 바에야 당연히 내집 단속이 우선이다. 어떤 의미에서 비즈니스의 제1번 과제는 나의 능력이 어디까지 갈 수 있을지를 아는 것이 남을 파악하는 것보다 더 중요하다. 지기지피(知己知彼)인 셈이다.

북한 비즈니스의 오랜 정체성(停滯性)은 이를 모색하는 사람을 지치게 하여 판단을 흐리게 만드는 계기가 된다. 제품 중개를 약속한 중개기업에서 선금 요구가 왔을 때, 그리고 이것을 성사시켜야 하는 입장일 때, 이 제안을 뿌리치기는 힘들다. 다른 기업과의 경쟁이 있다면 더욱 그렇다. 나름대로 조정작업을 거쳐 액수를 낮추긴 하겠지만 실행까지는 매일을 불안스럽게 보낸다. 위험성이 늘 있는 사업 분야다.

상대의 능력은 이런 시점에서 나를 편하게 하는 큰 수단
이 된다. 신용조사라는 것도 따지고 보면 상대방에 대한 파
악을 통해 사기꾼인지 아닌지를 체크하는 데 의미가 더 크
다. 그러나 "사람이 도둑질하는 게 아니라 돈이 웬수"라서
문제다. 이점은 별도의 주의를 요할 수밖에 없다.

안심시키는 데는 시간이 필요하다

믿음을 활용할 수 있는 수준까지 가지 못하면 힘만 든다는 뜻이 숨겨져 있다.
북한 기업은 기본적으로 상대를 불신(不信)하면서 거래를 한다.지난 3, 4년간 더욱 몸에 배인 버릇이기도 하다.
과거 사회주의권끼리의 거래에서 청산 계정이라는 조금은 전근대적인 거래 방식에만 익숙해져 있던 북한 기업들이
어느 날 보호의 우산이 걷히고 갑작스레 경화 결제의 방식으로 바뀌자 혼선은 금방 찾아왔다.
우호 무역이란 개념도 없어지고 치열한 경쟁만이 남게 된
'돈과 돈으로의 거래'에 당황(唐慌) 없이 적응하였으리라는 상상은 하기 힘들다.

북한기업은 사회주의 국가의 전형(典刑)을 보인다. 한마디로 대부분 액션이 느리다. 만만디(慢慢地) 정도가 아니라 아예 깜깜 무소식인 경우도 흔하다. 그들의 변명도 재미있다. '공화국은 그렇다'는 답변을 듣고 나면 슬며시 고소(苦笑)를 금치 못하기도 하다. 만병통치약이 따로 없다. 기독교인들이 '하느님 말씀이 그렇다'는 말을 할 때 느끼는 비신자의 마음과도 같다. 매사에 빨리빨리도 좋은 일은 아니지만 느리디느린 그들의 업무 연락에 가슴 터질 것 같다는 하소연을 하는

사람을 보기란 어렵지 않다.

성격이 급한 사람들은 북한 비즈니스를 안 하는 게 좋다. 괜히 속병앓이라도 할라치면 미움까지 생긴다. 팩스 보내 놓고 나서 연락기다리다 보면 차라리 안 보냈다 생각하고 참는 것이 도움된다. L사의 북한 담당 S과장의 말이다.

"어쩌면 우리는 그네들과 사업을 하는 게 아닐지도 모릅니다. 시간하고 싸우는 거죠. 한 술 더 떠 그들의 체제나 관행까지도 비즈니스의 최대 고려 변수니까 적(敵)이 수도 없이 많다는 뜻이죠. 다수의 적을 상대하는 것은 그만큼 전쟁에 이길 확률이 낮다는 의미도 되죠."

여기에 하나 더 보태지는 것이 바로 신용(信用)이다. 글자 그대로 믿음을 활용할 수 있는 수준까지 가지 못하면 힘만 든다는 뜻이 숨겨져 있다. 북한기업은 기본적으로 상대를 불신하면서 거래를 한다. 지난 3, 4년간 더욱 몸에 배인 버릇이기도 하다.

과거 사회주의권끼리의 거래에서 청산계정이라는 조금은 전근대적인 거래 방식에만 익숙해져 있던 북한기업들이 어느 날 보호의 우산이 걷히고 갑작스레 경화결제의 방식으로 바뀌자 금방 혼선이 찾아왔다. 우호무역이란 개념도 없어지고 치열한 경쟁만이 남게 된 '돈과 돈으로의 거래'에 당황(唐

慌) 없이 적응하였으리라는 상상은 하기 힘들다. 그들이 어느 만큼 당황했는가는 그간 북한대외무역회사의 상당수가 사장이 바뀐 점에서도 알 수 있다. 거래를 잘못해서 지위가 강등되거나 전격 처리(?)된 경우도 있다 한다.

그런 절차를 겪는 현재도 자본주의적 신용거래가 쉽지 않다는 인식은 만연(蔓延)되어 있다. 이런 이유가 바탕이 되어 파트너가 결정되고 거래가 진행되어도 오랜 시간, 적어도 우리가 알고 있는 정도의 2, 3배 이상의 시간과 노력이 투입되어야만 서로간의 신뢰가 쌓이게 된다. 인내심이 없는 사람은 애초부터 시작하지 않는 것이 좋다고 말할 정도로 힘이 든다.

자신만 가지고 시작한 경우, 한 기업의 실패는 곧 한 묶음으로 평가되어 전반적 신용의 평가절하 사태를 불러일으킨다. 이미 허다한 사람들이 남북한 교역에서 이 전철(前轍)을 걸었다. 쌍방 모두에게 책임이 있음은 두말할 나위 없다. 무엇보다도 북한측의 이런 태도는 그들을 제어하는 현재의 북한사회가 가진 특수성에서 연유되기 때문에 단기적 변화란 기대 난망하다.

대부분 북한과 접촉이 잦은 기업인들은 그들과의 대화를 원활히 풀어나가는 수준 즉, 서로의 입장을 이야기하는 단계까지를 1차적인 목표로 삼는다. 시간이 필요함은 기본이고 어떤 경우는 아차하는 순간 말짱 도루묵으로 가기도 한다. H사의 A이사의 경험에서 우러난 말이 이를 반증한다.

"말 한마디가 조심스럽죠. 언론에 한 번 오르락대면 금방 반응이 옵니다. 잘되던 일도 '만사불여튼튼' 이상으로 몸조심해요. 약간의 실수 정도는 무난히 용인되는 관계까지 가는 데는 그야말로 힘든 노력이 필요합니다."

상대를 안심시키는 데는 시간이 그만큼 소요됨은 어떤 일에서나 마찬가지일 것이다. 북한 비즈니스도 예외 없고 일견 더욱 힘든 부분이 있다. 먼저 상대의 어려움을 이해하는 노력이 있어야만 엉뚱한 경우를 당해 그간 진행된 파일을 휴지 조각처럼 전부 날리는 사태를 막을 수 있다. 신중(愼重)은 어떤 상황에서나 요구되기 때문이다.

자존심을 건드리지 말라

그들에겐 찾아온 손님을 잘 대해 줄 의무 같은 것도 있지만
그것이 대외(對外) 관련일 경우 유별날 정도로 '챙기는' 사례들을 흔히 들을 수 있다.
아마 이런 것도 시쳇말로 '존심'부리는 것이라고 생각할 수도 있다.
그러나 막상 이런 호의를 대하는 사람은 가슴이 왠지 벅찬 느낌을 받기도 한다.
그래서 그들의 이런 행동은 욕을 먹기보다는 미화되는 경향이 강하다.

사람은 누구나 '자존심(自尊心)'이란 감정적 기분을 가진다. 상대적인 느낌 중의 하나이다 보니 반드시 비교 대상이 나타난다. 배고픈 사람이 배부른 사람에게, 가난한 사람이 부자에게, 못 가진 자와 가진 자 사이에 생기는 갈등이나 엇비슷한 부류들끼리의 경쟁에서도 이런 요소를 찾을 수 있다.

북한 사람들의 억셈은 옛날부터 그쪽의 기후 조건이나 생활 환경 등에서 내재되어 있던 것으로 보인다. 거기에다 주체 북한이 주창한 '우리식 사회주의'는 폐쇄된 속에서 그들을 한결 강짜 센 인물들로 만들어 놓았다.

자기네들 먹을 것은 없으면서도 해외 교포들의 북한 방문 때 먹을 것에다 잠잘 곳, 심지어 여비까지 챙겨 준 적도 있으니 이건 어찌 보면 어리석은 짓거리 같기도 하다. 그러나 그들은 일정한 원칙에 의거 자신들은 배를 쥐면서 이것을 한다는 점이 관심의 초점이다.

최근 북한을 방문했던 미주 교포 사절단의 이야기를 들어 보면 그들의 이러한 행동의 저변에 깔린 마음을 약간은 이해할 수 있다.

"전날 술을 많이 마셔 아침 생각이 별로 없었는데 복무원이 오더니만 거의 끌다시피 하며 식당으로 데리고 갑디다. 탁자에 해장국이 끓여져 있는 걸 보고 나니 눈물이 핑 돌았어요."

약간의 쇼맨십이 섞여 있기도 하다. 이런 말도 있었다.

"누군가 뭘 먹고 싶다고 지나가는 말로 하면 그 요리가 다음 끼니 아니면 늦어도 그 다음 밥상에는 올라와 있어요. 한편 신통하다고 생각이 드는 반면 다른 한편으로 무섭기까지 합디다."

그들에겐 찾아온 손님을 잘 대해 줄 의무 같은 것도 있지만 그것이 대외(對外) 관련일 경우 유별날 정도로 '챙기는'

사례들을 흔히 들을 수 있다. 이런 것도 시쳇말로 '존심'부리는 것이라고 생각할 수도 있다. 그러나 막상 이런 호의를 대하는 사람은 가슴이 벅찬 느낌을 받기도 한다. 그래서 그들의 이런 행동은 욕을 먹기보다는 미화되는 경향이 강하다.

북한기업인을 상대함에 있어 비굴함을 보이는 것은 별로 좋은 방법이 아니다. 당연한 말이겠지만 지나치게 상대를 '띄워 주는' 것은 별로 도움이 되지 않는다. 상대를 너무 끌어대는 말이나 행동은 감정을 상하게 한다. 중용(中庸)을 지켜 가면서 대응하는 게 좋은 것이야 누구나 알지만 실천에 옮기기가 어려워서 탈이다.

해외에서 흔히 보는 한국인의 모습은 상대를 고려하지 않기 일쑤다. 한국에서도 지극히 에고(ego) 위주로 물든 사람들을 찾기란 여반장이다. 이런 태도는 상대를 자극시키는 첩경이다. 특히 상대의 약점을 꼬집는 데는 한국인이 거의 선수급(?)에 속한다. 미국 출장이 잦은 한 잡지사의 편집부장은 미국 모 지역의 한인 사회를 이렇게 표현하고 있다.

"세상 말세가 따로 없어요. 잘되는 꼴을 못 보고 서로 욕하고 암수에 그렇게 능하고, 현지 사람들 모두 미친 것 아닌가 할 정도로 단결이란 눈곱 만큼도 보이지 않고. 한국 사람이 할 수 있는 최악중의 최악을 보여주는 사회가 바로 해외 교포 사회입디다. 그것이 어디에서 출발한 것이냐 하면 결국 여기(한국)에서 나간 것 아니겠어요.”

북한사회의 약점이나 혹은 그들 비즈니스의 관행, 행동, 외모 등의 단점만을 이야기하거나 그것을 은연중 내보이는 행동은 그야말로 상담을 실패로 이끄는 ‘쥐약’에 속한다.

중국에 오랫동안 상주(常住)하면서 북한기업인들을 많이 상대한 경험이 있는 L이사의 말이다.

“많이 가까워졌다고 생각되어 조금 진한 농담을 던졌는데 못 받아들이고 ‘삐칠’ 경우가 있죠. 푸는 데는 또 시간이 필요하고 한번쯤 이런 경험이 생기면 농담도 조심하게 되죠.”

적대감을 비추거나 하는 것은 더욱 어리석다. 최고의 매너란 어떤 입장에서도 모든 사람에게 타당성을 느낄 수 있게 만드는 자연스러움에 있다. 북한 사람의 자존심이 유난히 세다는 것이 꼭 우리가 조심스럽게 대해야 할 이유가 될 수는 없겠지만 비즈니스라면 그에 맞게 행동하는 것이 최선이라 생각된다.

상대를 존중하는 것, 그것은 상대의 입장에서 내게 맞는 접합접(接合点)을 찾아내어 공유(共有)하는 방법을 의미한다. 북한 비즈니스는 유별나게 이런 점에 주의를 요한다. 그렇지만 유심히 보면 ‘상식’선의 이야기다.

섣부르게 과장(誇張)된 행동은 불필요하다

2, 3년 전 한국의 북한 관련 조사단이 중국을 거쳐 홍콩에 도착했다.
그들은 북한 회사가 마카오에 있다는 사실을 알고 마카오 조선국제여행사 사무실을 방문,
그들 몰래 자료들을 듬뿍 가지고 나온 사건(?)이 벌어졌다.
그들에게는 북한 회사를 방문하는 것이 신기하기도 했고 한편으로 그들과 접촉해 보고 싶은 의욕도 있었던 것 같다.
결과로 나타난 것은 엉뚱하기 그지없는 일종의 '기습도난' 행위였으니 문제다.

　북한기업과의 접촉은 여러 면에서 '이슈'가 된다. 지구상에
서 몇 남지 않은 미지(未知)의 땅인데다 우리에겐 유별난 감
흥이 있기도 하다. 전쟁이 끝났는지 어떤지는 모르나 아직
분단 속에서 사는 실향민과 그들의 자녀, 그리고 직접적인
전쟁 피해자의 2세와 3세들까지 있는 오늘의 현실은 알게
모르게 북한과의 교류를 약간은 '스릴 있는' 것으로 여기게
만든다.
　2, 3년 전 한국의 북한 관련 조사단이 중국을 거쳐 홍콩에

도착했다. 그들은 북한 회사가 마카오에 있다는 사실을 알고 마카오 조선국제여행사 사무실을 방문, 그들 몰래 자료들을 듬뿍 가지고 나왔다. 그들에게는 북한 회사를 방문하는 것이 신기하기도 했고 한편으로 그들과 접촉해 보고 싶은 의욕도 있었던 것 같다. 결과로 나타난 것이 엉뚱하기 그지없는 일종의 '기습도난' 행위였으니 문제다.

홍콩이나 마카오에 있는 한국 사람은 언제든 현지 친구들을 통해 그보다 더 자세한 정보를 얻을 수 있다는 점을 망각한 점도 그렇고 호기심을 표현하는 방법도 너무나 유치해서 한마디 거들었던 기억이 난다. 한마디로 소영웅주의에 다름 아니다.

이처럼 북한기업과의 접촉은 그것이 비록 해외 제3국이라 해도 괜스런 긴장감을 부른다. 더욱이 이렇게 한 번 해보고 난(?) 이야기는 무용담으로 입에서 입으로 전해진다. 일견 약간은 치졸한 섣부른 행동에 속한다. 용기 있다고 말해 주기는 몹시도 불편하다.

이러한 예는 여러 곳에서 볼 수 있다. 북한기업들에게 재미 동포는 더이상 '재미있는' 대상이 아니다. 지독히도 미주 교포를 원망하고 미워하는 북한 사람들도 많다. 이유는 간단하다. 너무 과장을 잘한다는 점 때문이다. 그들의 이야길 듣다 보면 '충분히 이유 있음'이란 딱지를 붙여야 한다. 물론 겉으로 이런 기분을 잘 표현하지는 않는다. 몇 마디를 옮겨 적어 본다.

"10원 주고 밖에 가서는 만원 줬다고 떠든다."

"오지도 않은 사람이 조선 사업은 혼자 하는 것처럼 언론 질 한다."

"안하무인, 건방지기 짝이 없다."

"돈도 없으면서 있는 척한다."

"여기서 한 말과 저기서 하는 말이 다르다."

재미 교포 S씨의 경우 지난 2년간 북한을 방문한 바가 없었다. 그런데도 금년초 버젓이 홍콩에서 모 제품의 독점사업권을 땄다고 기자회견까지 하고 미국 교포 신문에도 이를 릴리즈했다. 확인해 본 결과는 그 사람이 온 적도 없었다는 말뿐이었다. 이럴 경우는 어떻게 해석하는 것이 좋을는지 모른다. 문제는 단순히 북한에만 있는 것이 아니고 피해가 우리 쪽으로도 전이(轉移)된다는 데 있다.

'돈도 없다'는 말은 상대적인 것이다. 재일 동포에 비해 그렇다고 생각하면 이해가 쉽다. 주급 단위의 생활을 하는 재미 교포들이 많은 돈을 가지고 다니거나 이를 손쉽게 주머니에서 꺼낸다는 것은 어려운 일이다. 미주 교포 사회에서 정작 북한과 사업을 벌일 만한 재력(財力)을 갖춘 사람을 찾는 것은 매우 힘들다. 당연히 북한 방문 중 이런 행동이 나온다.

더 심각한 문제가 바로 '여기 한 말, 저기 한 말'이다. 자본주의적 속성이라고 하기엔 너무도 처참히 파괴된 인간성의 단말(端末) 같고 그렇다고 개인적 품성으로 돌리자니 유사한 예들이 너무 흔하다. 바로 이 점이 신뢰라는 제방을 무너뜨리는 작은 구멍에 속한다.

종교인의 경우도 예외 아니다. 종교적인 측면이 앞서 있다면 그에 맞는 행동만 하면 그만이지만 그 영역을 벗어나 모두 할 수 있다고 한다. 정치 문제까지 개입한다. 민족이라는 감정적인 접근이 모든 행동에 당위성을 부여한다는 것은 어불성설이다. 이런 행위는 오버페이스된 과장으로밖에 여겨지지 않는다. 자신의 직업적 능력 범위에 보다 충실해야 하는 것을 잊은 결과다. 독일 통일을 말하는 한 서독 공직자의 이야기처럼 '각 분야에서 충실한 접근'은 결코 월권(越權)을 의미하지는 않는다. 공적 대화를 나눠야 하는 인물들, 흔히 대화나 회담의 대표들에게도 이런 과장은 흔하다.

'성사를 위해서라면……', '계획대로 될 수 있다면……' 등의 소위 가정이나 희망을 전제로 한 렉토릭의 뒤편에는 '실패한다면……' 혹은 '성공해야만……'이라는 공명과 위기라는 두 가지 문제가 중첩된다. 성공하건 실패하건 실속 없는 과장된 제스처는 나온다. 어떤 경우에는 이런 과장이 필요하기도 하지만 대부분의 경우 별반 좋은 결과가 없다.

불필요한 행동은 경제분야나 기타 해당 목적을 떠나 '정치적 이용도'만을 높일 뿐이다. 북한측은 모든 대내외 사항을 늘 점검하고 그것을 피드백하는 작업에 익숙하다는 사실을 잊지 말아야 한다. 비즈니스라 해도 예외는 아니다. 과장하지 않는 차분한 행동과 말이 단기보다는 장기 성과를 가져다준다.

오해의 소지를 만들지 않는 법

직접 대화하지 않고 중개자를 통해 일을 하다 보면 서로간의 오해를 살 소지가 무궁무진하다.
북한측의 하부 기관이 우리 의사를 전달할 경우 그 또한 중개자로 보면 틀림없다.
정확하게 확인할 사항은 일정 기간마다 다시 체크하는 세심함이 요구된다.
얼렁뚱땅 처리하면 그것은 모양새도 좋지 않지만 결과는 더 나쁘다.
서로간의 작은 오해가 더 큰 오해를 불러 일으켜 일을 가로막는 장애로 대두된다.
이것을 방지하는 방법은 충실한 '확인'이외에는 없다.

투서 사건이 벌어졌다. 두 사람이 투서를 보냈다고 오해를 받았고 그중 한 사람은 투서의 장본인임에 분명했다. 심사관에 의해 조사가 끝난 후 그 일은 유야무야되었다. 그러나 끝내 한 사람은 투서의 대상이 되었던 인물과 인간적 관계가 깨지고 말았다. 10여 년이 지난 후 그 오해는 결국 풀렸다. 다른 사람이 주범이었던 것이 밝혀졌기 때문이다. 그러나 10년 세월 동안 두 사람이 보낸 완전히 등돌린 세월은 다시 돌릴 수 없었다. 주변에서도 가끔씩은 볼 수 있는 예들이다.

오해란 그릇 해석하거나 뜻을 잘못 아는 것을 말한다. 오해가 형성되는 데는 몇 가지의 원인을 가진다. 정확하지 못하거나 막연한 추측으로 생기는 잘못된 판단이 발단(發端)이 된다. 상황의 구성이 미묘하게 전개될 때 이런 사태는 종종 벌어진다.

어느 한 쪽에 손실이 있는 경우라면 십중팔구 오해라는 괴물이 기생한다. 추측은 성격상 규명되지 않는 진실을 스스로 옳은 것으로 받아들이는 마음, 혹은 그런 자료에 의한 추론을 의미한다. 100%의 정확성을 갖추기는 어렵지만 대체로 오해에는 "아니 땐 굴뚝에 연기 없다."는 식의 속담이 가진 의심이 깔려 있다.

북한은 감정적으로 지나치게 민감한 나라이며, 북한기업인도 그에 못지 않게 꼼꼼한 특성(상대에게만 일수도 있다)을 가지고 있다. 그들이 챙기는 자료들에 나타난 불확실성은 즉각 의심의 대상물이 된다. 별로 상대를 믿지 않는 것도 그런 식의 표현에 해당된다.

직접적인 대화가 어렵고 만나기조차 쉽지 않을 때는 도무지 어느 쪽을 막아야 물이 안 샐지를 판단하기 어렵다. 물론 직접 만나서 대화하고 밥 먹고 술을 마셔도 그것을 완전한 친근감으로 받아들이기에는 남북한의 불편했던 과거와 현재의 역사가 이를 믿어 주지 못하게 한다. 아직도 서로의 믿음이 그만한 수준이 되었다고 보기 어렵다.

 "사공이 많으면 배가 산으로 간다."는 식으로 중개자가 개입된 비즈니스는 원만한 진행을 위해 반드시 중개자와 남북한 양측의 공동 노력이 있어야 하지만 그것이 그리 쉬운 일은 아니다. 북한측에서 성의를 보이는 경우는 극히 예외적이다. 그들의 정치적 명분과 실리가 동시에 추구될 수 있는 사업을 제외하고는 대부분이 이상하리 만치 그들이 고자세를 유지한다. 자존심의 발로(發露)라고만 읽어 주기엔 왠지 석연찮은 부분이기도 하다.

 제3국의 중개자를 통해 북한투자사업을 추진하고 있는 E사의 실무 총책임자인 C전무의 말이다.

 "연락을 보내도 답이 잘 오지 않죠. 한 달은 기본이에요. 어떤 때는 돈을 요구하기도 하는데 꼭 명분은 저쪽(북한)이 쓸 비용이라는 거예요. 직접 확인이 안 되니 방법이 있나요. 일을 안 할 것 같으면 모르지만 하려고 마음먹었으면 이렇게라도 해야죠. 이런 때는 기분이 썩 좋지 않죠."

 금년초 남한기업의 북한 방문에는 해프닝이 연출되었다. 가장 대표적인 예가 소위 과다한 방문 사례금 요구다. 투자하러 북한 가는 기업에게 방문을 위해서는 돈을 내라고 요구한 것이다. 로비 자금도 아니다. 그냥 달라는 것과 진배없다. 물론 고위급과의 미팅 주선, 방문 일정 알선 경비 등이 여타 국가에 비해 높을 수도 있지만 50만 불, 100만 불의 루머는 모든 사람이 지나치다고 받아들일 만했다.

여기에도 쌍방이 아닌 중개자의 입장이 개입된다. 말을 확대하거나 혹은 정도를 벗어난 수수료를 요구했을 확률이 높다. 이에 대한 오해는 즉각 남한내 여론을 자극시켰다. 실제 그랬을 수도, 혹은 오해였을 수도 있다. 결과는 서로간의 악수(惡手)로 기억될 수밖에 없었다.

직접 대화하지 않고 중개자를 통해 일을 하다 보면 서로간의 오해를 살 소지가 무궁무진하다. 북한측의 하부 기관이 우리 의사를 전달할 경우 그 또한 중개자로 보면 틀림없다. 정확하게 확인할 사항은 일정 기간마다 다시 체크하는 세심함이 요구된다. 얼렁뚱땅 처리하면 그것은 모양새도 좋지 않지만 결과는 더 나쁘다. 서로간의 작은 오해가 더 큰 오해를 불러 일으켜 일을 가로막는 장애로 대두된다. 이것을 방지하는 방법은 충실한 '확인'이외에는 없다.

초창기 북한과의 한약재, 농산물 교역에서 상당한 실적을 낸 바 있는 C사의 P이사는 이렇게 말한다.

"중개자에게 모든 것을 기대하는 것은 어리석은 일입니다.

세심하게 하나씩 가르쳐 주어야 됩니다. 내 직원에게 말하는 것보다도 더 시시콜콜한 부분을 찾아내어 지적해야 하고, 구두가 아닌 문서로 해 두는 것이 도움이 됩니다. 어색해 하지만 당위성을 설명하면 받아들여지기도 합니다. 오해는 증거가 없을 때 나타나는 것이니만큼 서류는 오해를 없애는 지름길이기도 합니다. 모르면 물어서 확인해야 하는 것도 필요합니다. 이 과정을 안 거치면 사태가 악화되기 십상이죠."

서로의 노력이 요구되는 시점이다. 북한이 얼마나 성의를 보일지를 기대하기보다는 우리측이 좀 더 치밀한 계획하에 움직이면 실수는 옅어질 수 있다. 오해는 사소한 것에서 만들어진다. 보다 세심한 접근을 하지 않으면 대북 비즈니스는 난망(難望)이다.

능동적인 자세가 필요하다

다수의 소극적인 인사들, 기업들이 있는 한 남·북한 간의 비즈니스는 결코 형(兄)된 입장의 진행이 불가하다.
지로 진행시킨다 해도 헛된 것이 많고 효율적이진 못한 모양새가 계속될 소지가 크다.
팽팽하게 활시위조차 당기지 않고 활이 나가지 않느니 뭐니 하는 것은 자위(自慰)나 변명(辨明)에 불과하다.
우선은 활줄을 최대한 당기는 노력이 선행되어야 한다.
비즈니스맨은 모두 프로 의식이 있다.
프로라면 이 정도는 기본이 된다.

무관심과도 일맥상통하는 낱말 중에 수동적 심리가 있다. 관심을 가지지 않지만 누군가의 회유 혹은 그가 조성한 분위기에 의해 관심을 가지게 되는 것을 의미한다. 자발적이 아니라는 말이다. 수동적인 상황에서는 모두 다른 어떤 것, 즉 환경이 될 수도 있고 기타의 변수도 있을 수 있는 상황이 있어야만 작용을 한다.

대북 비즈니스에 있어 남한기업은 사실상 매우 적극적인 일부와 소극적인 다수로 특정지워진다. 적극성을 띠는 데는 여러 이유가 있을 것이다. 기업 차원의 전략이 있을 수도 있고, 기업 총수의 개인적인 관심, 업종별로 차등되는 필요성, 선점의 효과 겨냥, 그리고 남북한 관계의 소명의식 등이 있을 수 있다. 정확한 수치는 아니지만 북한 출신의 남한기업 총수는 매우 많은 것으로 알려져 있고 그들은 살아 생전 고향에 나의 기업을 세우는 일에 골몰하기도 할 것이다.

소극적인 다수는 글자 그대로 자진해서 어떤 일을 꾸미길 원치 않는다. 대북 비즈니스가 파생하는 다양한 문제들에 의해 소심(小心)한 측면까지 보인다. 그렇게 되도록 정부가 만든 면도 무시할 수 없다.

사소한 일이라도 정부가 통제하려고 덤벼들면 귀찮아서도 계속하길 싫어하게 된다. 기업주는 그렇지 않더라도 그 일을 실행하는 실무자들은 이를 달가워하지 않는다. 그러다 보면 소극(消極), 수동(受動)이란 함정에 빠지게 된다.

소극(消極)이란 단어는 무위(無爲), 고식(姑息), 보수(保守), 부정(否定), 수동(受動), 미온(微溫) 등의 의미를 포함한다. 논리학에서 소극 명제는 아예 부정 명제가 되고, 소극 방어는 군사적인 의미로 주도권을 장악하려는 기도 없이, 다만 적의 행동으로 인한 손상의 가능성을 감소시키고, 그 효과를 최소한으로 국한시키려는 방책을 뜻한다. 오늘 남한의 대북 정책은 바로 소극 방어의 개념으로 볼 수 있지 않을까 생각된다.

기업의 입장도 정부의 이런 태도의 범주를 벗어나고 있지 않다. 다수의 소극적인 인사들, 기업들이 있는 한 남·북한 간의 비즈니스는 결코 형(兄)된 입장의 진행이 불가하다. 억지로 진행시킨다 해도 헛된 것이 많고 효율적이진 못한 모양새가 계속될 소지가 크다. 모 교수의 말처럼 '우리 온 국민의 지혜와 역량을 모두 모아도 다루기 힘겨운' 북한을 이런 분열된 생각으로 대처한다는 것 자체가 어렵다는 생각이 든다.

남·북한 간의 현실이 주고 있는 무거운 현상들이 우리를 수동적인 상황으로 몰고가고 있는 것이 아니냐는 항변 섞인 말들도 있다. 북한이 '이 세상에서 가장 해괴한 나라'라는 일반의 평가만을 생각하고 그들의 패턴이나 혹은 그들이 지향할 방향성에 대한 연구를 소홀히 한다면 우리는 늘 제자리를 맴도는 수밖에 없을 것이다. 그것은 후퇴보다도 더 곤욕스러운 상황이다.

비즈니스는 적극성이 대전제가 된다. 물건을 하나 팔려고 해도 끈기가 없이 이루어지는 경우란 극히 드물다. 처음 보는 고객도 그런데 하물며 이미 50년간 서로 보고 있으면서 으르렁댄 쌍방이 가질 수 있는 감정이란 오죽할 것인가를 생각해 보자. 서로가 하나의 민족(民族)이라고는 하나 주도권 싸움을 놓치지 않으려 해온 지난 세월 동안 우리의 불신(不信)은 또 얼마나 쌓였는가를 생각해 보면 현재가 극히 불투명하지만은 않을 것이다.

능동적인 비즈니스를 위해서는 몇 가지의 준비 과제가 있다. 우선은 마음의 자세를 전환해야 한다. 스스로 수동적인 북한 시장 관찰로 일관한 것이 아닌가를 반성해야 한다. 북한은 우리가 심심풀이로 들여다보는 가십의 대상과는 그 궤(軌)를 달리한다. 그러므로 의식(意識) 있는 관찰이 꾸준히 있어야만 한다. 그런 가운데 냉정한 관심이 자세를 편향되지 않는 중립적인 관찰의 선상으로 올려 줄 것으로 믿는다.

두번째로 보다 적극적인 자료의 수집이 필요하다. 이는 매우 초보적인 준비 단계에 속한다. 대체로 기업들이 생각하는 조사 이전의 방문 희망이나 면담 등은 '상대를 모르는(不知彼)' 상태로 자료 수집의 다음 단계로 정의될 수 있다. 한두 계단을 건너 뛸 수는 있어도 몇 개를 동시에 넘으려면 가랑이가 찢어지는 법이다. 반드시 필요한 과정을 생략할 수 없다.

세번째로 그들과의 조우(遭遇)가 진행된다. '만나야 무슨 일을 할 것 아닌가'는 앞선 두 단계가 진행된 후 혹은 진행되면서 준비되어야 한다. 예비(豫備)된 만남은 진행이 한결 수월하다. 물론 아무리 준비되어도 다른 변수들로 인해 좌절되는 경우는 흔하다. 그럼에도 이 상황은 다다익선(多多益善)이며 소소무익(少少無益)하다.

네번째로 서로의 신뢰 회복이 있다. 만남의 과정이 중첩되어야만 나타난다. 그 이전 상대를 모를 경우 이런 상호 신용(相互信用)은 물 건너에 있는 이야기다. 서로가 '나를 못 믿느냐' 하지만 그건 쌍방이 똑같은 마음을 가지고 있을 때는 합일점(合一點)을 찾기가 불가능하다. 전략적인 이용 등에 대한 서로의 미련을 버려야 하는 단계이고 경제적인 관점의 상호 보완이 남아 있다면 좋을 수 있다. 현실적으로 어렵다는 말로 이를 부정하면 그것은 다시 수동적인 관점 혹은 자세로 돌아가는 셈이 된다.

비즈니스는 능동적이고 적극적인 자세를 근간으로 한다. 물론 신중함이 그 속에 있어야 하며, 준비된 상황이면 더욱 좋다. 팽팽하게 활시위조차 당기지 않고 활이 나가지 않느니 뭐니 하는 것은 자위(自慰)나 변명(辨明)에 불과하다. 우선은 활줄을 최대한 당기는 노력이 선행되어야 한다. 비즈니스맨은 모두 프로 의식이 있다. 프로라면 이 정도는 기본이 된다.

Ⅳ장 북한 비즈니스와 기업인의 자세

상대를 중심으로 생각하라

입장의 환치(換置)는 상대와의 교감을 위한 상당히 중요한 포인터 중의 하나다.
일종의 테크닉의 범주에 속할 수도 있으므로 부단한 연습을 필요로 한다.
쉽게 '입장 바꾸기'로 보면 되는데 무턱대고 상대의 입장을 이해만 해주는 것이 아니고
문제의 소재를 찾아 원만히 해결하거나 혹은 본인에게 유리한 방향을 찾는 데 더 큰 의미가 있다.

사람마다 입장이 있지만 북한 업무는 유동적 상황이 워낙 많이 전개되다 보니 입장을 정립하기가 수월하지 않다. 단순한 예로 북한측 기업인이 우리의 제의에 대해 아무 반응이 없다면 왜 그러는지 이유부터 찾는 것이 순서다. 그 사람이 처한 상황에서 최선의 답을 찾는 것도 필요하다. 중개인을 통해 우리의 제안을 넣을 경우도 그렇다. 이런 경우는 '한 다리 건너가는' 상황으로 정확한 판단을 내리기 쉽지 않다.

북한기업을 상대함에 있어 가장 곤혹스러울 때는 역시 아

무 대답이 없을 때다. 뭔가 명확한 답변을 기대하고 있다면 담당자는 숨이 막힐 수도 있다. 충분히 일을 진전시킨 상황에서 만나자고 연락했는데도 응답이 오지 않는다면 그것은 다음의 여러 경우에 상당한다. 이 경우를 벗어난 것이 있다면 아마도 서로의 연락마저 확인되지 못하는 상황이 발생한 것으로 생각하면 된다. 천재지변에 준한다고 보면 틀림없다.

1) 내부적으로 미팅의 방침이 정해지지 않았다.

2) 북한 내의 내부적 변고에 의해 나올 입장이 못 된다.

3) 출장 신청을 했으나 허가가 나오지 않았다.

4) 개인 신변상의 문제가 있다.

5) 아직은 성숙된 상황이 아니므로 약간의 지연이 필요하다고 판단했다.

6) 우리가 모르는 뭔가 오해, 혹은 미묘한 상황이 발생했다.

7) 너무 일방적인 요구로 생각되어 아예 묵살했다.

다양한 이유 가운데 어떤 것이 해당될지는 모른다. 다만 북한측의 준비 자세가 완비되어 있지 않다는 점은 알 수 있다. 거래가 안 된다는 말과 동일하다. 처음부터 잘될 것을 기대했다면 이 경우 금방 'X팔 소리'가 절로 나온다. 그래도 방법은 없다. 기다리는 수밖에.

만나자고 연락을 받고 제3국(흔히 북경이나 중국과의 변경 지역이 된다)에 급히 날아갔는데도 정작 만나기로 한 사람이 나타나지 않는 경우도 흔하다. 급한 일로 못 나오게 되었다는 중개자의 전언(傳言)을 듣고나면 두 다리의 힘이 다 풀린다. 이렇게까지 해서 이 사람들과 비즈니스를 할 필요가 있을까, 하는 후회도 한다.

북한이 변하고 있는지 아닌지를 두고도 논란은 많다. 혹자는 북한은 변화가 없다고 이야기한다. 이것은 대단히 정치적인 발언이다. 북한도 엄연한 통치 체제를 갖춘 국가라는 점을 생각하면 그들이라고 변하지 않을 수는 없다. 다만 어느 쪽으로 변하는가의 방향성을 찾아야 할 과제가 있을 뿐이다.

북한이 변하고 있다는 사람은 거시적 혹은 미시적인 측면의 두 가지를 구분하여 말해야 한다. 상대의 입장이란 두 가지 모두가 해당되는 경우가 많다.

북한은 한 가지의 요소만으로 쉽게 변화하는 나라가 아니다. 이를테면 국가 정책의 변화 없이 기업이 함부로 행동하는 경우는 없다는 말이다. 미세한 접촉에 있어서도 마찬가지다. 제3국에서 만나자는 미팅 제안에 대해 다음과 같은 서신이 왔다면 어떻게 판단하는 것이 좋을지를 생각해 보자.

"시간이 없는 관계로 이번 미팅은 참가할 수가 없습니다.

보여주신 호의에 감사합니다."

완곡한 거절이다. 과거 북한은 이 정도 수준의 회신마저도 할 줄을 몰랐다. 지금은 이런 식의 답변을 종종 본다. 변한 것인가. 이런 예도 있다. 중국에 투자 진출한 한국기업의 사무소로 느닷없이 팩스 한 장이 날아왔다. 어떻게 처리할지를 몰라 급히 서울 본사로 연락했지만 이쪽도 준비된 것이 없으므로 당연히 별 대답을 못하고 있다. 판단해 보자.

"귀사가 생산하는 ○○상품을 우리가 수입해도 좋고 공화국에 와서 투자하는 항목을 상론(相論인지 詳論인지는 모른다)해도 좋습니다. 우리는 ○○○소속이므로 다른 회사들에 비해 절차가 복잡하지 않습니다. 귀사의 의견을 듣고 싶습니다."

상기한 두 팩스 문안은 모두 북한기업으로부터 우리에게 전달된 내용들이다. 과연 이 팩스문안이 아무런 내부 절차를 거치지 않고 우리 손으로 들어올 수 있었을지는 미지수다. 단, 확인할 수 있는 것은 이 팩스들이 대단히 무난한 내용을 담고 있고, '제안' 차원이나 혹은 '회신(回信)'에 가늠한다는 점에서 그들도 상당한 자율권을 가진 것으로 볼 수 있다. 물론 과거와 비교해서다.

상대방의 입장이란 바로 북한, 북한기업의 현 상태를 의미한다. 그들 집단, 회사가 처한 현황이기도 하고 그들의 심리 상황도 이에 속한다. 이 팩스들은 북한기업이 가진 심리상태를 대변한다. 좋은 사업이라면 진행시켜도 무방하다는 뜻과 한편으로 번거로움은 피하고 싶다는 것이다.

두번째 팩스는 더 나아가 자신들의 장점도 언급할 정도라는 점에 특이점이 있다. 파트너에 대한 확인 작업 정도를 거치고 난 후 객관적인 그들의 실력을 가늠해 보고 나서 이 제안을 고려할 것인지 아닌지를 생각하는 것이 좋다. 아직도 이런 제안을 그대로 깔아뭉개는 기업이 있다면 그것은 상대를 생각하지 않으므로 북한 비즈니스를 시작할 의사가 없다고 봐야 한다.

우리의 마음가짐이 여하한 상태인가는 상대를 읽는 척도(尺度)가 된다. 준비가 된 상태에서 시작한 행동은 서두름이 없다. 남한기업의 중국 진출 확대는 점차 북한기업과의 접촉도 확대시킬 여지가 높아짐을 뜻하며, 이것은 다양한 형태의 논의들도 따른다는 예상을 가능케 한다. 실제 중국 투자 기업들 중 상당수가 이와 유사한 제안들을 이미 받고 있다. 그런데도 대부분의 기업들은 이런 식의 거래(?)에 대해 준비된 바가 많지 않다.

그러므로 입장의 환치(換置)는 상대와의 교감을 위한 상당히 중요한 포인터 중의 하나다. 일종의 테크닉의 범주에 속할 수도 있으므로 부단한 연습을 필요로 한다. 쉽게 '입장 바꾸기'로 보면 되는데 무턱대고 상대의 입장을 이해만 해주는 것이 아니고 문제의 소재를 찾아 원만히 해결하거나 혹은 본인에게 유리한 방향을 찾는 데 더 큰 의미가 있다.

정작 두려운 것은 현지를 떠도는 상당한 수준의 루머들이다. 북한기업과의 교류가 가진 위험성은 비단 현지에만 있는 것이 아니라 우리 내부에도 있다. 까다로운 절차도 그중 하나이며, 대북 접촉에 대한 사시(斜視)적 관점도 상존한다. 납치에의 두려움도 물론 있을 수 있다. 그런 사건이 벌어지기 때문이다. 중국 연변(延邊) 일각의 소위 탈주자를 잡는 북한 프락치의 이야기들도 남의 얘기는 아니다. 또한 괜스런 번거로움을 만들기 싫어하는 우리 기업 직원들의 특성도 가미된다.

북한기업과 우리 기업의 입장은 이런 긴장 상태에서 크게 다를 바 없다는 사실이 약간의 의미를 가질 수 있다. 상대에 대한 지속적인 관찰은 예견되는 문제들을 수월케 한다. 한국 기업에게 있어 북한기업, 기업인은 이제 달나라의 토끼가 아니다. 늘 주변에 있는 것과 진배없다.

비즈니스가 아닌 '전술(戰術)'을 생각하라

이런 전제로 남한 기업과 관계자들은 결국 북한이 남한을 필요로 할 것이며,
그것은 다른 외국이 남한 만큼의 비상업적 접근을 하지 못할 것이라는 대전제를 단다.
그래서인지 북한의 대미, 대일 접근 등이 한결 평가 절하되기도 한다.
그러나 한 가지 지나친 부분이 바로 여기에 있다.
북한의 모든 대응 구도는 비즈니스적이 아니고 '전략', '전술'적 접근이 복합적으로 나타난다는 점이다.

북한의 사회통제 방식은 크게 상호감시와 역할분담의 두 가지로 구분된다. 개별적인 독자(獨自) 행동이 허용되는 사람은 많지 않다. 특히 해외에서 '일'을 보는 북한 비즈니스맨이건 누구건 간에 2인 1조의 원칙을 깨는 경우는 극히 예외적이다. 조장의 승인 혹은 묵계하에 따로 행동한다 해도 조심스러움은 여전하다. 고위급이면 그에 맞는 고위 감시자가 붙게 되어 있다.

북한에서의 비즈니스는 국가 계획에 의한 통제 방식을 근

간으로 한다. 따라서 비즈니스라 해도 국가가 구상하는 범주를 넘기는 힘든 구조가 되어 있다. 상품의 수급, 무역 행위는 철저히 그들간의 분할 구도 속에서 하나의 큰 틀을 유지한다. '사회주의 계획 경제'의 본질이기도 하다.

물론 군(軍)과 같은 특수한 사회집단의 별도의 자체 경제를 가진 특수 사회도 있다. 무기판매대금을 전문 관리하는 것으로 알려진 '조선룡악산은행'은 수신고가 얼마인지 아무도 모른다. 아무리 북한이 지구상에서 가장 통제된 집단 체제를 가졌다고 해도 인간이 살아가는 세상의 예외 부류는 있는 법이다.

우리가 자주 착각하는 부분이 바로 이 점이다. 비즈니스와 로비는 빼놓을 수 없는 상호보완 작용을 한다. 즉, 한 나라에 대한 접근에 있어 강력한 힘을 가진 자, 혹은 집단과의 조우(遭遇)는 상당한 이익을 수반시킨다.

대표적인 예가 무기나 혹은 사회인프라 등 굵직한 비즈니스에서 나타난다. 한국은 중동진출 초기 이러한 비즈니스 외적인 백그라운드 작업으로 성공한 전례가 있다. 물론 다른 나라도 예외는 아니다. 이스라엘 계 아이젠버그의 60, 70년대 한국 진출도 그러한 사례다.

그래서인지 북한과의 접촉도 어찌 보면 '라인 잡기'에 너무 민감하게 움직인다. 누구를 알고 있다거나 혹은 어느 선까지는 자기의 처리영역이라던지 하는 말들은 때론 상당한 호소력을 지닌다. 실제 이들 라인의 능력은 매우 대단하기도 하다. 정착된 자본주의 국가 즉, 선진국에서는 이런 로비도 완전한 산업 단계에 있지만 80년대 말 이후의 냉전 종식이 가져다 준 사회주의 시장은 완비된 로비력이 형성, 수용되지 않을 만큼의 혼란 구도가 남아 있기도 했다.

문제는 바로 여기에 있다. 로비가 필요한 사업을 제외하고서도 온갖 일에 로비를 언급하게 되는 현실이 나타난 것이다. 작은 장사꾼도 '누구' 줄을 손쉽게 말한다. 어느 만큼의 능력을 발휘해 줄지는 모르지만 '알고 있다는' 사실만으로도 하나의 재미있는 얘깃거리는 된다. 그만큼 폐쇄적이었기 때문이다. 그러나 간과한 부분이 많다. 북한은 통제된 국가이며 이는 거꾸로 말해 상대에 대해서도 분석을 종합적으로 한다는 사실이다.

초기 단계의 활용도를 따져 괜찮다고 판단되면 언제나 그것을 이용한다. 우리는 90년대 초반 남북한 경제관계를 화려하게 장식했던 박경윤이란 인물을 기억한다. 마담 박이란 애칭으로 통할 만큼 그녀의 역량은 당시의 사회 분위기와 맞물려 상당히 높게 평가되었다. 그러나 현재는 어떠한가. 역시 그녀의 역할은 점차 축소되어 가고 있고, 그 일선을 북한 인사들이 메우고 있다. 한동안 그녀는 북한 방문조차 허용되지 못하는 수모(?)까지 당하기도 했다.

상대에 대한 이러한 그들의 대응은 곳곳에서 드러난다. 재미 교포 K씨의 경우도 예외는 아니다. 북한에의 투자 사업 추진을 위해 3년 이상을 발로 쫓아다닌 그는 한동안 북한의 접촉선과 연결마저 되지 않는 미묘한 위치에 처하게 되었다.

객관적인 판단은 이제 더이상 그를 통해 사업이 추진되지 못한다는 그들의 판단 때문이 아닌가 하는 추정을 한다. 지금은 관계가 어느 정도 회복되긴 했으나 공(功)을 들인 만큼 결과가 나타난다는 단순 구도가 아닌 복잡한 전략적 행위가 북한에는 있다.

사업의 성과에 대한 판단도 '금전'을 위주로 하는 구도가 아니다. 북한측은 흔히 사업의 '성적'이 있어야 이를 보고하고 더 큰 사업을 할 수 있지 않는가, 하는 묘한 말을 한다. 성과 위주의 수사법이라고 볼 수도 있는 대목이다. 그러나 달리 보면 활용도에 대한 점검을 상대에게 강요하는 부분이다. 비즈니스가 상대적이라는 점을 전혀 무시한 접근 방식에서 거센 당혹감을 나타내는 파트너는 결국 협력 대상에서 제외된다.

예를 들어 북한과의 사업을 추진하려는 기업이 순수하게 북한에서의 상업적 성과만을 겨냥한다면 오늘의 북한은 특별히 시쳇말로 '돈 되는' 것을 구하기 어렵다. 개발의 여지가 많은 것은 사실이지만 단기적으로 돈이 될 만한 부분을 찾는 데는 역시 상당한 시간이 필요한 셈이다.

이런 전제로 남한기업과 관계자들은 결국 북한이 남한을 필요로 할 것이며, 그것은 다른 외국이 남한 만큼의 비상업적 접근을 하지 못할 것이라는 대전제를 단다. 그래서인지 북한의 대미, 대일 접근 등이 한결 평가절하되기도 한다. 그러나 한 가지 지나친 부분이 바로 여기에 있다. 북한의 모든 대응 구도는 비즈니스적이 아니고 '전략·전술'적 접근이 복합적으로 나타난다는 점이다.

기업에게 있어 현재의 북한 시장에 대한 침투 혹은 연결을 구함에 있어 이점은 기본 사항에 속한다. 북한기업은 모두 당(黨), 정(政), 군(軍)의 어느 한쪽에는 예속된 구도를 가지고 있다.

이른바 아바이(아버지), 새끼(자식) 구도라는 이 종적(縱的) 구도는 결국 최후의 결정선이 보다 상부에 있음을 반증한다. 기업의 장(長)이 임의적인 결단을 내리는 것이 아니라 그 상부의 또다른 통제 체제가 갖추어져 있는 다층(多層)연결이 그 속에 있는 것이다. 그러므로 일반적인 접근은 한편으로 위험성이 내포되어 있다.

내가 만나 본 남한기업의 북한 비즈니스 담당자들은 대체로 이 사실을 인정하고 있었다. 그러나 관건은 기업 내의 상부 조직 즉, 결정권을 가진 인자들이 의외로 이런 구도의 이해에 민감하지 못하고 있었다는 점이다. 북한을 탓하기 전 우리의 의식을 먼저 반성해야 할 부분이 있다. 북한은 종합적인 전술 부대를 가지고 있다. 이것은 군사적인 용어가 아니다. 철저히 비즈니스적인 말이다.

정책(政策)과 대책(對策)을 함께 찾아라

정책, 대책, 수업료라는 말들은 뭔가 어우러지지 않는 요소로 보이기도 한다.
국가 정책 당국자의 입장에서 보면 기업의 대북 진출은 시기상조에 속한다.
기업도 그렇게 생각하는 부분도 있다.
그러나 비즈니스가 남북한의 현상황에서 하나의 돌파구가 된다는 점에서 기업의 활동은
이제 하나의 대책으로 인식되고 있는 추세다. 이것이 중요하다.

나쁜 의미로 쓰이는 말이지만 '상유정책 하유대책(上有政策, 下有對策)'이란 말이 있다. 위에서는 정책이 있지만 아래에는 대책이 있다는 말이다. 원뜻은 정책을 집행하는 사람이 있고 그것을 대책으로 전환하여 접근하는 사람이 있다는 뜻으로 약간은 불공정(不公正)한 냄새를 풍기기도 한다.

북한 비즈니스는 어차피 굴곡이 많음은 기정 사실이다. 위험성이 매우 높다. 단순 교역이라 해도 투자한 만큼의 돈을 회수하는 데는 상당한 노력이 투입된다. 결과를 볼 수 있는

사람도 있지만 어떤 이는 투입 만큼의 산출을 못 보기도 한다. 대다수가 그렇다고 볼 수 있다. 극히 소수만이 대북 교역을 통해 이익을 남기고 있다.

수업료(授業料)라는 개념은 여기에서 출발한다. 투자 없는 사업은 없다. 대부분의 투자가 일정 기간의 투자회수기를 전제로 하여 시작된다. 적게는 1년 길게는 10년이 넘어갈 수도 있다. 해외 투자의 예를 보면 대부분 3~5년 정도를 투자 회수기로 설정한다. 그것도 계획대로 움직였을 경우에 한해서다.

정책, 대책, 수업료라는 말들은 뭔가 어우러지지 않는 요소로 보이기도 한다. 국가 정책 당국자의 입장에서 보면 기업의 대북 진출은 시기상조에 속한다. 기업도 그렇게 생각하는 부분도 있다. 그러나 비즈니스가 남북한의 현상황에서 하나의 돌파구가 된다는 점에서 기업의 활동은 이제 하나의 대책으로 인식되고 있는 추세다. 이것이 중요하다.

과거에는 기업이라 해도 북한 진출이 막연한 이슈의 하나였지만 이젠 시작되는 모습까지 보이고 있다. 대우의 남포 공단 진출이란 비록 이것이 김일성 유시라느니 혹은 시험적인 진출이라느니 등으로 평가절하한다 해도, 혹자는 잘 되지 않을 거라고 지레 부정적 견해를 보여도 대우의 노력은 어떤 누군가는 해야 할 일로써의 가치가 줄어들지 않는다.

S그룹의 경우 중개상인 재미 교포 모씨를 통해 북한 비즈니스를 추진한다. 북한 비즈니스 추진과 관련 일정 부분의 성과가 보일 경우 그룹 차원에서 그 사람에게 상당 부분의 리베이트를 약속했다고 한다. 과거 직접 추진이 어려웠을 경우들, 예컨대 동구 사회주의 국가나 중국 진출 초기에 사용되었던 방법이기도 하다.

이들도 모두 상당한 투자를 거쳐 성사된 것이다. 정부의 정책이 지금까지 수차례의 굴곡이 있긴 했지만 기업은 투자를 준비하고 기다려 온 것이다. 그런 면에서 역시 대기업의 진출은 중소기업에 비해 장기성을 띠고 있다고 보아야 한다. 그러나 남한의 중소기업은 체질 면에서 너무도 취약한 구조를 가지고 있음을 부정할 수 없다. 중소기업 보호·육성 정책이란 글자 그대로 그들이 보호막 속에서 있게 하는 요소가 되고 있다. 남한 자체적으로야 별 문제가 없지만 요즘 시대는 세계가 별로 큰 것 같지 않게 되어 있으니 문제가 발생한다.

그들은 장기적인 투자에 익숙하지 않다. 대북 비즈니스라 해서 예외는 아니다. 일부 기업들이 욕심을 내고 있으나 하다 못해 라인의 설정부터 추진의 방향에 이르기까지 무엇 하나 제대로 준비되어 있는 기업이 흔치 않다. 어쩌면 대기업들이 들어가는 것을 기다리고 있는 단계인지도 모른다. 그렇다 해도 준비를 해야 함은 상식이지만 지금 하고 있는 준비는 극히 미미하고 초보적인 수준을 넘지 못한다.

약간의 정책적인 변동만 있으면 가장 잘 움츠러드는 것도 중소기업이다. 정부가 큰 기침을 한 번 하고 정치권이 요동치고 신문지상을 통해 격론이 오가면, 사업 추진에 흥미를 가졌던 기업조차도 조용히 '꼬리를 내리는' 현상이 벌어진다. 그러다가 다시 반짝 일어서기도 한다.

수업료는 실행하는 자의 몫에 속한다. 실행하지 않으면 수업료가 들 이유가 없다. 그러나 수업료를 물지 않고 투자가 성공하는 것은 요행(僥倖)이나 천운(天運)이 있을 뿐이다. 이것의 확률이 천만 분의 1이 될지 1중의 1이 될지는 아무도 모른다. 불확실하다.

북한 연구의 인재가 길러지지 않았음은 보편적으로 인정되는 부분이다. 마찬가지로 북한 비즈니스를 할 수 있을 정도의 역량을 지닌 인재가 기업마다 있는가, 하는 질문에 대한 답변도 단연코 노(no)이다. 기업주가 관심을 표명하면 하부 조직에서 그것을 준비하는 구조가 남한의 일반적 기업 구도로 보면 준비자는 반드시 초보자가 될 수밖에 없다. A

ＢＣ부터 시작해서 어느 천년에 숙달된 언어를 구사할 수 있을 것인지는 자명하다. 그래도 대부분은 천하 태평이다. '할 수 있다'는 말의 무게가 너무 진하다. '대책이 있겠지'라는 말도 그중 하나다.

기업의 정부에 대한 요구가 거세짐은 필연이다. 적어도 이런 상황이라면 그렇다. 정부 또한 남·북한 간의 경제교류라는 무게를 해소할 방법은 가장 정공법인 대화를 통한 협력 체제의 구성뿐이다. 편법을 사용할 수는 없다. 정통성에 침해를 받기 때문이다. 그렇지만 이 정공법은 쉽게 해답으로 나타나지 않는다. 정부와 기업 간에 남북한 경협을 놓고 벌어지는 갈등이 여기 있다. 한다 하는 기업도 막는 정부가 못 하는 기업을 도와주길 기대하는 것 자체가 말이 안 된다.

이런 환경은 어제 오늘의 이야기가 아니다. 결국 수업료는 기업의 몫으로 돌아간다. 방법을 찾기 이전의 정보 수집이나 혹은 진행 방향의 설정조차도 정부가 못 해주면 기업이 해야 한다. 과거 서독과 같이 미세한 자료들도 모두 취합되어 기업이 언제든 열람할 수 있는 구조를 우리는 가지고 있지 못하다. 기본이 안 되어 있는 셈이다. 너무도 취약한 지원 체계이기 때문에 기업은 좌절할 수도 있다.

기업의 입장에서는 스스로의 '대책'을 준비하길 권하고 싶다. 정책과 대책이 반드시 일치하는 것만은 아니다. 기업도 의지하기보다는 독자성을 찾고 그를 실행하는 과정을 정책과 조율하는 노력이 필요하다.

장기적으로 접근하라

남북한 관계는 사실상 단기적인 관계의 개선 혹은 변화를 도모하기에는 50년이란 세월이 그리 짧지 않다.
사람들의 인식 구조나 내부적인 조직 체계,
사회 문화의 양태에 이르기까지 동일한 부분보다는 이미 골이 패일 만큼 패여진 것이다.
이런 틈새를 메우지 않고 작은 사다리로 연결하고서는 이것이 전부인 양 생각한다면 그것은 큰 오산이다.
작은 사다리 위로 트럭이 지나다닐 수 없는 이치와 같다.

대북 접근에는 두 가지의 상반된 기조가 있다. 특히 정책 기조의 유지라는 측면에서 이 부분은 매우 심각한 반대의 입장을 도출한다. 아직도 그야말로 통일(統一)된 견해는 없다.

「중앙일보」 1995년 8월 12일자에 연재된 동국대학교 강정구 교수(적극론)와 경희대학교 양성철 교수(신중론)의 논쟁은 과연 남북한의 협력이 어떤 방향으로 갈 것인가를 잘 보여주고 있다. 두 사람 모두 논리상으로 하나의 문제도 없는 매끄러운 논지를 피력하고 있어 이것이 오히려 사람들을 곤혹스럽게 하였다. 여기 일부분을 발췌, 소개키로 한다.

먼저 강 교수의 말이다. 민족사적인 의미가 강조되고 있고 사소한 문제보다는 서로가 상대방의 입장으로 들어가 이해하려는 접근을 가져야한다는 점을 강조하고 있다.

"……일부에서는 지난번 인공기 게양사건 등을 들먹이며 대북한 정책을 다시 대결구도로 돌리자고 야단들이다. 이분들에게 먼 민족의 앞날을 내다보면서 이 문제에 접근할 것을 당부하면서 정부를 비롯해 우리 모두가 자성할 점을 살펴보겠다.

첫째, 우리는 지금 통일시대를 맞아 외세에 의해 강요된 분단을 우리 손으로 극복하고 민족공동체적 통일을 이루기 위해 남북간 화해와 협력 등 통일기반 조성이라는 긴요한 민족사적 과제를 안고 있다. …… 민족문제는 민족사의 장기적 구도에 입각한 전략적 사고를 요구한다. '남북 관계 전반적인 그림과 연결시키지 않는다'는 정부의 그 동안의 방침을 높이 평가해야 한다. 둘째 그 동안 우리는 양안(兩眼)적 시각이 아니라 단안(單眼)적 시각, 곧 북한 입장을 전혀 고려하지 않고 우리 잣대로 판단하고 강요하는 편협성·거만성에 길들여져 있다. …… 셋째, 남북의 화해·협력과 관계 개선이 돌파구를 찾지 못하는 이유는 바로 조문 파동에 뿌리가 있다. …… 결자해지(結者解之)의 방식으로 남측이 이 문제의 매듭을 풀면서 화해·협력의 길로 나아가는 물꼬를 터야 한다. 넷째, 이제까지 대북 정책은 지나치게 감정적이고 즉흥적이면서 냄비식 여론에 끌려 다니는 대응으로 일관했다. 이러다 보면 정작 통일의 영마루에 올라가지도 못하고 주저앉아 버리게 되는 엄청난 민족사적 해악을 가져온다. …… ”

양 교수의 말이다. 북한이 곧 변화한다는 인식은 금물이라는 점과 성급한 접근은 역효과를 낼 수 있다는 점이 강조되고 있다.

“……탈 냉전·탈 공산의 지구촌 큰 그림, 큰 흐름으로 보면 북한이라고 변하지 않을 수 없다. 홀로 서기·버티기엔 한계가 있다. …… 현정부의 대북 접근·접촉에서의 차질과 실수는 바로 제한적 개입 그 자체의 잘못에서가 아니라 북한이라는 실체는 뒷전에 놓고 우리 마음 대로 북한이 변한다고 믿는 그릇된 인식, 희망적 기대에서 찾을 수 있을 것 같다. …… 웃어넘기기엔 정말 너무도 무지막지한 상대를 대하고 있는 것이다. 정부의 대북 정책에 몇 가지 제언을 하겠다. 첫째, 대북 정책은 북한 현실을 정확히 인식한 바탕 위에서 서두르지 말고 인내와 경계심·신중성을 잊지도, 잃지도 말아야겠다. 둘째, 일관성이 중요하다. 현정부는 불과 2년 동안에 대북 정책의 수장 격인 통일원 장관을 다섯 사람이나 경질했다. …… 셋째, 대통령을 포함한 정책 책임자의 무책임·무정견을 삼가야 할 필요가 있다. …… 넷째, 대북 접근 정책에서 대한민국 역대 정권의 공통된 실패는 대남 정치 조작용으로 도구화하거나 최고 집권자의 개인적·정치적 야심과 집념을 고집함으로써 오히려 북한의 정치 공작에 휘말리는 경우가 자주 있었다는 사실이다. 대북정책은 거족적·초당적·초정권적 사안으로, 섣불리 개인 정치 야욕이나 정권 차원의 도구화는 금물이다. ……"

두 사람의 논조는 일견 차이가 있는 듯이 보이지만 실제 거시적인 시각과 함께 미시적인 선(先) 준비 자세가 합쳐져야만 남북한 관계가 좋아질 것이라는 점으로 간단히 요약 가능하다. 강 교수의 논조는 거시적인 견지에 가깝다. 그러나 대부분의 국민은 심정적으로 미시적으로 현재 벌어지는 상황에 대해 양 교수의 말에 공감하는 부분이 더 많을 수 있다. 이 두 교수의 논지가 합쳐진 것이 사실상 대북 정책의 기조로 안정되길 바라는 셈이다.

남북한 관계는 사실상 단기적인 관계의 개선 혹은 변화를 도모하기에는 50년이란 세월이 그리 짧지 않다. 사람들의 인식 구조나 내부적인 조직 체계, 사회 문화의 양태에 이르기까지 동일한 부분보다는 이미 골이 패일 만큼 패여진 것이다. 이런 틈새를 메우지 않고 작은 사다리로 연결하고서는 이것이 전부인 양 생각한다면 그것은 큰 오산이다. 작은 사다리 위로 트럭이 지나다닐 수 없는 이치와 같다.

비즈니스에서도 이 부분은 동일하다. 기업의 입장에서 너무도 단기적인 성과 위주에 급급한다면, 상업적인 이익을 노림에 치중되어 있다면 오히려 정치적인 개인 야욕과 다를 바 없다는 점을 늘 인지하고 있어야만 한다. 장기성을 띠지 못하는 여하한 접근도 특정 기업의 '선구자(先驅者) 노림수'에 다름 아니라는 비판을 면키 어렵다. 갈라진 빙벽에 사다리를 걸치는 기분으로 일을 하는 기업들을 보고 싶음은 비단 개인의 욕심은 아닐 것이다.

철저히 적법(適法)에 따라야

무턱대고 일을 벌이고 수습하려는 사람들이 많다.
악법도 법임에 분명하다면 결국 그 틀에서 일을 하는 지혜가 필요하다.
비판을 할 수 있지만 그렇다고 법을 어기는 위법의 과정으로 가면 문제는 더 복잡해진다.
종교인이나 학생들처럼 큰 비즈니스거리를 위해 북한을 밀입국하는 사태가 벌어지면
그것은 어떻게 처리될 것인가 궁금해진다.

　법(法)은 도구다. 악법(惡法)이라고 해서 몸이 그 법의 테
두리에 있는 한 지키지 않을 요량이라면 차라리 떠남만 못
하다. 법(法)은 질서다. 누군가 지키지 않으면 사회가 엉망이
되고마는 규율이다. 그리고 법은 개인의 판단이 아니다. 그
러므로 개인의 생각이 꼭 법적인 효력을 가지지 못한다.
　분단 시기 남한의 법률 중 '국가보안법'은 거의 무소불위
의 권능을 가졌다. 냉전시대의 소산물로 대내적인 질서 유지
차원에서 보자면 강함으로 억누를 도구가 필요했고 그것은

법이라는 이름을 빌어 태어났다. 공과(功過)는 천천히 따져 볼 일이지만 법도 인간이 집행하는 것이다 보니 곳곳에서 허점투성이인 것이 벌써부터 증명된다. 무고한 인원들도 많이 다쳤다. 민주화(民主化)를 요구하는 세력들은 너나 할 것 없이 이 법의 폐지를 주장했다. 그러나 남북한이 대처하고 있는 한 이 법은 쉽사리 없어질 것 같지 않다.

사람들이 법을 믿지 못하는 지경이 된 것은 어찌 보면 우리 사회의 구조가 그만큼 취약하다는 결론에 도달케 한다. 어제 오늘의 일이 아니고 '어두운 곳'에서 벌어지는 일들이 워낙 많다 보니 그렇다. 국민 대부분은 이에 대한 공조자이다. 세금 도둑이 그렇고 공사장 안전관리도 마찬가지다. 부정(不正)의 고리가 단순히 난도질을 하기에는 너무 얽히고 설켜 있다 보니 사회는 여전히 법을 신용하지 않는 분위기다.

그럼에도 엄연히 법(法)은 살아 있다. 우리가 구분하지 못한 것 가운데 대표적인 예가 바로 편법과 위법이다. 편법이란 법의 테두리 내의 융통성을 의미하지만 위법은 아예 그 법을 무시하는 것이다. '힘있는 자'들이 위법을 편법으로 전환시켜도 신변상의 지장을 받지 않으면 언뜻 '법이 있지만 편법도 있다'는 생각을 하기 십상이다. 그것이 누적되고 있

176

다. 지금도.

편법으로 일을 처리하는 것은 잠깐은 재미있지만 시간이 지나면 오히려 부담이 된다. 적법성(適法性)이란 "행위가 동기의 여하에 불구하고 겉으로 도덕법에 일치하여, 결과에 있어서 의무에 맞는 경우."를 의미한다. 바로 여기에서 문제가 발생한다. 남·북한 간의 교류란 아무리 법률적인 규범을 정한다 해도 이른바 심정적인 도덕법을 간과할 수 없기 때문이다.

임수경이 그랬고 금년 8·15에도 또 한총련의 남측 대표들이 북한을 방문했다. 종교성을 목적으로 가기도 하고 작가의 북한 방문도 있다. 모두가 국내법을 무시한 밀입국(密入國)이라는 점이 관건이다. 이를 법으로 처단하는가, 하지 않는가는 매우 중요한 문제지만 법의 원정신으로만 따지면 백번 판결을 받아야 한다. 그럼에도 '정치적(政治的)'이란 용어는 때로 이런 법조차도 무시하는 상위의 개념이 되고 만다. 그래서 사람들은 법에 둔감하고 정치에 민감해진다.

여기에는 국가보안법의 허점도 작용한다. '찬양·고무죄'라는 항목은 빈번히 신문 지상을 메운 인기 있는(?) 죄목 중의 하나였다. 북한 정권의 잘못된 점을 탓하지 않고 좋은 점을 이야기하면 바로 이 죄는 효력을 발생한다. 공정한 시각이란 존재할 수 없었다. 통일(統一)문제를 언급한 사람 치고 '이현령비현령(耳懸鈴鼻懸鈴)'의 이 법이 무섭지 않았던 사람이 없다. 객관적인 시각마저 통제되었다. 물론 북한 쪽으로 완전히 경도(傾倒)된 인물들도 적지 않았다.

이런 식의 활동이 얼마나 도움이 되는지는 미지수다. 이것이 과연 통일(統一)이란 문제에 어느 만큼의 기여를 할 것인지를 말이다. 기업인의 입장에서 보면 아직도 북한의 '숟가락 수'를 제대로 파악하고 있지 못한다.

그러나 북한은 공개된 우리의 정보에 너무도 능해 있다. 비즈니스 차원에서 보면 오늘날과 같은 경제 우선 시대에 총칼보다 더 무서운 비즈니스의 위력을 북한 문제라 해도 예외로 볼 수 없다. 상대를 바로 알지 못하고 비즈니스를 한다는 것은 불가하기 때문이다.

남한에서는 북한 문제만 나오면 뭔가 들떠 있고 감정적이며, 마지막 남은 이용 대상(?) 혹은 이슈로 받아들이는 경향이 강하다. 이성적인 인식이라고 차마 받아들이기 어려운 일도 있다. 정치적 활용도의 측면도 마찬가지다. 어떤 정권이고 북한 문제는 늘 중요한 정책 대상이었다.

아무리 현황이 이렇다 해도 기업의 입장은 냉철해야 한다. 무턱대고 일을 벌이고 수습하려는 사람들이 많다. 악법도 법임에 분명하다면 결국 그 틀에서 일을 하는 지혜가 필요하다. 비판은 할 수 있지만 그렇다고 법을 어기는 위법의 과정으로 가면 문제는 더 복잡해진다. 종교인이나 학생들처럼 큰 비즈니스거리를 위해 북한을 밀입국하는 사태가 벌어지면 그것은 어떻게 처리될 것인가 궁금해진다.

지방자치시대가 되었고 지방마다 살고 있는 북한을 고향으로 둔 실향민의 세력도 무시할 수 없다. 이들이 이런 행위를 동시다발적으로 한다면 그것은 끔찍스러운 일이 될 것이다. 모두가 자제해야 한다. 이 문제들의 원천은 정부에 있지만 비즈니스라는 실행 프로그램을 추진하는 사람들은 늘 냉정을 유지해야 할 것이다. 적법한 절차는 그런 점에서 상당히 부담을 덜어준다. 시간이 걸리긴 하지만.

10배 어렵다

아직은 변화의 시기, 그것도 초기 단계에 있다.
그들의 사회 관행이나 의식은 대외(對外)에 쉽사리 조율될 수 있을 정도가 못 된다.
외국 기업의 입장에서는 다른 사회주의 국가(이미 사회주의를 버렸다고 해도)가 자본주의 국가와
비교, 2, 3배의 어려움이 있다면 북한과의 비즈니스는 10배 정도나 어렵다고 생각해야 한다.
그것은 북한이 변화하여 해결할 문제이므로 이 난제는 쉽게 해결될 성격이 못 된다.

어떤 일에 익숙해지는 데는 천재(天才)가 아닌 다음에야 상당한 시간이 걸린다. 스포츠나 레저의 경우도 숙달된 조교의 입장에서 보면, 초보자의 모습이란 뭔가 잘못되어 있고 어색하게 느껴짐이 당연하다. 비즈니스도 마찬가지라고 생각하면 된다. 특별히 다르지 않다.

세계를 상대로 비즈니스를 펼치는 기업, 기업인에게 있어 가장 고통스러운 일은 감각의 유지다. 상대 국가에 대한 자료의 빈곤, 상관습의 차별성, 거래 상대의 신용도 등을 신중

히 체크해 보지만 사건, 사고 없는 비즈니스란 없다는 말처럼 아무리 해도 문제가 생긴다. 수십 년간 일정 상대와 동일한 패턴의 거래를 한다면 문제 소지는 현저히 낮아지겠지만 새로운 시장을 개척한다거나 새로운 바이어나 셀러를 찾아 사업을 진행시킨다면 불안은 계속될 수밖에 없을 것이다.

80년대부터 남한기업에 대두된 '사회주의 국가 시장(市場)'은 단순히 신규 사업의 개발이란 측면보다도 그간 익숙해져 있지 못한 '사회주의'라는 이념의 벽을 뚫는 데 어려움이 컸다. 초창기 그들 시장을 한 수 낮게 얕잡아 본 것도 큰 이유다.

세계를 이분화(二分化)한 양대 산맥이었던 사회주의 진영은 그들끼리의 보호성, 예속성이 짙은 거래에 익숙하여 우리가 익히 배운 자본주의 방식 거래를 쉽사리 용인하지 못했다. 철저한 시장 침투, 방법을 가리지 않는 마케팅, 양지와 음지를 종횡하는 로비력, 그리고 끝도 없는 경쟁 등은 자본주의적 장점이었지만 우선 시장을 이해하는 데 상당한 수업료를 지불해야만 했던 것이 사실이다.

동구 사회주의 국가도 그나마 유럽의 발전된 자본주의를 곁에서 보는 기회를 가지고는 있었지만 소련이라는 사회주의 종주국의 그늘이 워낙 넓었다 보니 변화에 대한 적응이 어려웠다.

아직도 자본주의적 시장 개방과 과거의 잔재 간의 혼선이 나타나고 있다. 민족 분쟁부터 학살, 강간 등이 벌어지는가 하면 사회주의하에 보기 힘들었던 걸인군(乞人群)도 형성되었다. 옛소련의 경우도 예외 없이 사회 전반의 혼선이 있고 다양한 자본주의적 폐습, 이를테면 금전 만능, 사회 범죄 증가 등의 현상이 뚜렷하다.

그래도 이들은 기본적으로 유럽적 사고를 가졌다고 보면, 아시아 사회주의는 변화의 단계가 동유럽 국가와는 달리 특징이 있다. 아직은 자체적으로 붕괴된 사회주의 국가가 없다. 모두 제발로 변화하고 있다.

지역적으로 고립된 몽골은 과거 소련의 철저한 몽골 산업 파괴로 인해 이렇다 할 산업을 가지고 있지 못한 상태에서도 사회 개혁을 이루고 있다. 인도지나 반도는 베트남의 극적인 발전이 주목된다. 80년대 중반 이후 도이모이 정책의 개혁방안이 실효를 거두기 시작하고 있다. 인근 아세안 국가라는 기반과 지리적인 우세점이 베트남의 매력을 한껏 발산시켜 준다. 그러나 여전히 갈 길이 멀다. 캄보디아, 라오스는 아직도 발전의 초기 단계에서 헤매고 있다.

중국은 사회주의 시장경제라는 독특한 방식의 변형 사회

주의를 근간으로 경제 개발을 성공적으로 이끌고 있다. 우선 그들이 70년대 말과 80년대 초 시행한 '개혁·개방'이라는 지역 발전전략이 성공을 거둔 점을 높이 사야 한다. 이미 중국 전역이 개방된 것으로 보아도 무방하다. 그러나 중국도 여타 사회주의 국가와 마찬가지로 개방의 몸살을 앓고 있다. 경제적인 부정 부패, 고인플레 현상, 국민들의 배금주의, 범죄 증가, 민주화 요구 증대 등 과거 통제된 사회주의하에서는 돌출되지 않던 문제를 심하게 겪는다.

북한은 이들 국가들에 비해서도 정도가 더 심하다. 사회주의 중국과 남한 사이에 있는 섬(島)이 되어 있다 보니 개혁·개방이 쉽지만은 않다. 중국도 과거의 중국이라고 보기에는 너무나 '경제 우선'으로 물들어(?) 있다. 체제유지라는 큰 숙제는 과거 사회주의 국가의 붕괴가 자신들에게도 닥쳐올 수 있다는 두려움을 증폭시켜 주는 역할을 한다. 주민들에 대한 교육도 철저하다. 그럼에도 대세는 자꾸만 개방의 당위성을 높여가고 있다.

아직은 변화의 시기, 그것도 초기 단계에 있다. 그들의 사회 관행이나 의식은 대외(對外)에 쉽사리 조율될 수 있을 정도가 못 된다. 외국 기업의 입장에서는 다른 사회주의 국가(이미 사회주의를 버렸다고 해도)가 자본주의 국가와 비교, 2,

3배의 어려움이 있다면 북한과의 비즈니스는 10배 정도나 어렵다고 생각해야 한다. 그것은 북한이 변화하여 해결할 문제이므로 이 난제는 쉽게 해결될 성격이 못 된다.

남한기업은 흔히 '할 수 있다(can-do)'는 정신에 너무 충실하여 모든 일을 겁없이 보는 경향이 높다. 분명 장점이긴 하지만 언제까지 '무작정 할 수 있다' 정신이 통할 수는 없다. 세계에 우리만이 있다거나 우리가 제일 잘났다는 식의 자만심은 그 반대의 피해 의식 만큼이나 화를 불러일으킬 소지가 큰 생각이다. 북한에 대해서도 남한이 우위에 있다는 생각도 별로 도움이 안 된다. 도와줄 사람은 우리뿐이라는 의식도 그렇다. 민족의식과 체제 간의 협력은 엄연히 그 궤를 달리한다. 비즈니스는 특히 그 정도가 심하다.

그런 점에서 보면, 남포공단을 통해 드러나는 대우의 노력은 높이 평가할 만하다. 대우는 덤불을 헤치며 길을 내는 역할을 하고 있다. 북한도 대우의 진출은 다양한 법률적 준비가 필요한 것이다. 그 과정에서의 삐걱댐은 잘되기 위한 준비운동으로 봐야 한다. 물론 어려운 일이다. 산전수전 다 겪은 종합상사의 담당자들이 고개를 저으며 '어렵다, 어렵다'를 중얼거리는 데는 그만한 이유가 있다.

예를 들어 임가공을 위한 원자재가 모두 북한으로 송부되 있다 해도 단추가 빠졌다면, 추가로 보내는 데 최소 2주 이상의 시간이 걸리고, 그 동안은 작업이 진행되지 못한다.

어느 만큼 어려움을 줄여 나갈 것인가가 관건이다. 무턱대고 해보겠다는 사람은 '그래! 어려움도 맛보자'는 식의 맹동주의자(盲動主義者)적 기질을 가진 것으로 판단될 수 있다. 그런 사람은 마음으로 20배 어렵다는 생각만이라도 가지길 권하고 싶다. 그러면 현실은 조금 쉽게 느껴질 수도 있다.

어찌되었건 북한 비즈니스는 우리의 체감 온도로 보아 10배 이상 뜨겁고 추운 극(極)의 경계에 있다. 쉽게 볼 생각을 하진 말기를 거듭 권하고 싶다. 결코 쉬운 일이 아니며 아무나 할 일도 아니다. 싼 노동력의 문제도 아니며 통일 후의 시장을 노리는 막연함도 아니다. 현실은 진행을 어떻게 할 것인가 하는 실무적인 문제와 정치적인 협상이 마구 어우러져 있다. 그래서 힘들다.

브로커, 에이전트, 로비스트가 있다

남한 기업의 입장에서 어떤 중개자를 활용할 것인지는 난제에 속한다.
아직도 능력에 대한 검증을 받은 정도의 인물은 나타나지 않고 있다.
연륜이 있다손 치더라도 그것이 그들의 능력을 의미하진 않는다.
그래서인지 중개자에 대한 생각은 중개자 본인이나 남북한 쌍방 기업 모두에게 민감한 주제가 된다.
때로는 엉뚱하게 사건(?)을 저지르는 예도 있다. 편향성을 띄고 있는 경우 특히 그렇다.
친북 단체나 혹은 친북성 사업자가 남한의 입장을 충실히 반영해 주길 기대하긴 어렵다.

북한 비즈니스는 중개자가 있다. 직접 교신이 되지 않는다는 측면 뿐 아니라 북한측과의 직접 접촉의 제한성으로 인해 이 와중을 비집고 들어오는 전형적 중개 세력이 형성되어 있다. 이들은 집단일 수도 개인이 될 수도 있다. 공통점은 남한기업보다는 북한기업, 북한사회에 정통하다고 주장한다는 점이다.

이들이 본격 활동하기 시작한 것은 80년대 말 세계적 냉전 와해의 상황과 맥(脈)을 같이한다. 처음엔 일본이 주요 무대로 등장했다. 민단과 조총련으로 양립된 상황에서 조총련은 북한의 해외 거점으로 인식되었고 이를 통한 북한 접근은 가장 확실한 담보로 여겨지기도 했다.

90년대 들어 가장 유력한 중개자는 역시 중국이다. 한·중 수교 이후 더욱 그렇다. 이는 북한과 중국 간의 긴밀한 관계에 근거한 것으로 동북 3성을 중심으로 한 북한기업과의 접촉은 지금도 활발하다. 특히 1992년 중국 정부의 중조(中朝) 국경도시 완전 개방은 중·북한 간 거래 가능 기업을 대폭 늘리는 계기가 되었다.

조선족 기업들의 활동이 두드러지기 시작한 것도 이때부터다. 북한 사정을 정말 잘 아는 것으로 인정된 몇 안 되는 기업들은 남한기업들의 표적(?)이 되어 늘상 연락당하는 괴롭힘을 당하기도 했다.

그러나 그 결과는 북한 당국이 이들을 통한 거래를 탐탁하지 않게 여긴다는 점과 이들의 능력 범위도 남북한 관계의 정치적 문제로 인해 대단히 제한적인 것으로 결론 내려졌다. 이런 사정을 모르는 기업들은 북한기업과 중국기업 간의 계약서 한 장을 믿고 어떤 상품을 독점했다느니 하는 말들을 '자신 있게' 해댔다.

이러한 중개 지역 가운데 홍콩의 역할도 상당하다. 남한의 대북한 위탁가공상품의 70% 이상이 적어도 서류상으로는 홍콩에서 중개될 정도로 큰 구실을 하고 있다. 그 때문에 북한 업무를 중개한다는 대부분의 '중개꾼'들 치고 홍콩에 사무소를 두지 않은 사람이 별로 없게 되었다.

이런 기존 지역들의 한계와 부작용이 대두되는 가운데 최근 들어 약간씩 관심을 끄는 곳이 미주 지역이다. 북미간의 활발한 접근을 반영하듯 이들의 움직임도 빠르다. 종교, 여행업계에서부터 친북 단체와 기타 기업, 개인에 이르기까지 광범하다. 그러나 결론적으로 이들 가운데 비즈니스를 이해하면서 중개자적 역할에 설 수 있는 중개 집단이 거의 드물다는 평가가 나오기 시작한다. 대개가 개인적 차원의 접근을 하고 있을 뿐이다. 교포 사회가 아직도 미국 본류(本流) 사회에 깊이 참가하지 못하고 있음과 맥락이 닿는다.

남한기업의 입장에서 어떤 중개자를 활용할 것인지는 난제에 속한다. 아직도 능력에 대한 검증을 받은 정도의 인물은 나타나지 않고 있다. 연륜이 있다손 치더라도 그것이 그들의 능력을 의미하진 않는다.

그래서인지 중개자에 대한 생각은 중개자 본인이나 남북한 쌍방 기업 모두에게 민감한 주제가 된다. 때로는 엉뚱하게 사건(?)을 저지르는 예도 있다. 편향성을 띄고 있는 경우 특히 그렇다. 친북 단체나 혹은 친북성 사업자가 남한의 입장을 충실히 반영해 주길 기대하긴 어렵다. 전략적으로 이용할 소지도 크다. 괜스레 이쪽 저쪽을 오가며 치우친 사고나 행동을 보이면 그것은 결국 쌍방의 미움을 함께 사게 된다.

그것이 사건으로 나타난다. 사기사건도 흔하다. 그들은 중개자가 아니라 '브로커'로 정의된다. 사기꾼과 같은 의미지만 돈을 떼먹고 달아난 상황은 '강도'에 준하는 범죄다. 일이 순조롭다면 오히려 이런 사건이 흔하지 않다. 제대로 되지 않는 경우가 많다 보니 어쩔 수 없는 사기꾼으로 몰리는 경우도 있다. 몇몇 브로커는 이런 행위를 하고도 버젓이 이 일을 계속하고 있다. 정보가 어두운 탓에 이런 짓도 가능하다.

중개자를 어떻게 볼 것인가. 이 과제는 몹시 무겁게 느껴진다. 해당 사업을 추진해야 하는 당위성이 있다 해도 추진의 실패를 맛보고 싶지 않기 때문이다. 이미 몇차례 직접 경험을 한 인물들은 거의 노이로제에 가깝게 불신을 짙게 간다. 브로커, 에이전트, 로비스트로 구분되는 대북 중개자 군(群)의 판별과 접촉은 쉬운 과제가 아니다.

무관심은 의무 불이행

앞으로의 시대는 '비즈니스'의 역할이 정치를 앞서간다는 생각을 해본다.
그렇다면 비즈니스맨은 지금 북한과의 교류가 없다손 치더라도 장기적으로 준비하는 자세가 필요하다.
모두가 무관심해져도 비즈니스 세계에 속한 사람들은 무관심하지 않아야 하는 당위성이 있다는 생각이다.

두 가지 패턴이 있다. 북한사회가 오래 폐쇄되어 있다 보니 그 일을 하는 사람들은 괜스런 영웅 심리를 발휘하는 경우가 많다. 이른바 '색다른' 것에 대한 호기심의 발로다. 북한 사람을 보았다는 자체가 이야깃거리가 될 수 있다. 대부분 사람들은 아직 이런 기회에 익숙하지 않기 때문이다. 또다른 패턴 중의 하나는 완전히 무관심한 부류다. 북한이 어떻건 그것은 상관할 바가 아니다는 사람들이다. 요즘은 이런 유의 사람이 늘어나고 있다.

모 잡지사의 기자가 내게 한 말이다.

"통일(統一)은 양념이죠. 이야기의 한 주제에 불과합니다. 막상 통일을 하자면 대부분의 사람들이 반대할는지도 몰라요. 통일 비용이니 어쩌니 하는 이야기들이 사람들을 겁주기도 하고, 사회가 점차 개인주의화 되다 보니 통일이라는 큰 변화 자체가 나의 세대에 일어나는 것이 달갑지 않은 측면도 있어요. 입으로 통일을 떠드는 사람들조차 내심(內心)을 이야기하는 자리에서는 '된다고 해도 큰일이야'라는 말을 서슴없이 합니다. 그만큼 준비되어 있지 않은 것이죠."

P신문의 K기자도 비슷한 이야기를 한다. P신문은 지방의 전통 있는 신문이다.

"지방자치시대에서 지방 주민의 관심사 1번이 무엇이 될 거라고 봅니까? 통일, 북한 이런 것은 정치적인 용어라고 전부 인정하지 현실적인 수요가 되는 말로 받아들이질 않아요. 당장 눈앞에 벌어진 민생문제, 주민생활 개선, 세금문제 등이 우선시 될 수밖에 없죠. 지금까지 거의 냄비에 국 끓이는 것처럼 남북한문제, 나아가 통일문제를 다루어 왔지만 이제부터는 상황이 많이 다를 겁니다. 가면 갈수록 더할 것 같아요."

최근 오랜만에 지방엘 가 보았다. 역시 서울에서는 1면 사이드에 실린 대북 관련 기사가 2면의 하단에 조그맣게 처리되어 있었다. 1면에는 그 지방의 가뭄 이야기가 톱기사로 올라와 있었다. 표면적으로 그렇지만 심정적으로는 그렇지 않다고 주장할 사람도 있겠지만 외형의 무게를 무시할 수는 없다는 것이 보편적인 생각일 것이다.

남북한 문제에 있어서의 장기적인 정책 기조의 수립과 여론 조성, 그리고 내부적인 준비 자세 등이 얼마나 필요한가를 새삼 느낄 필요가 있지만 개선(改善)보다는 답보(踏步)라는 시각이 강하다. 내부의 비판도 잠깐 동안 소리 높다가도 금방 시들해져 버린다. '냄비론'을 탓하기 전에 현실을 부정하지 못한다. 어느 틈엔가 잊기 잘하는 민족이 된 우리의 현실이 안타깝다.

남북한 문제에 대한 무관심이 높아 가는 현상을 두고 "분위기만 되면 또 금방 일어설텐데."라고 자조(自嘲) 섞인 말을 하는 분들도 있다. 매일 매일이 워낙 다급하다 보니 다른 사람의 삶조차 관심이 없는 판에 민족이니, 통일이니 따위의 너무 굵직한(?) 말들은 별로 달갑잖다고 노골적으로 말하는 사람도 있다.

이런 식의 사고들이 점차 누적되면 곤란하다. 모래도 오랫동안 밟고 다져 버리면 시멘트보다도 더 딱딱해질 수 있는 것이다. 지금은 풀 수 있는 여지가 있지만 얼마간 시간이 지나면 우리 스스로 분단의 고착화를 지향하는 우(愚)를 범할 수도 있다. 그런 면에서 정책에 대한 분노까지도 '관심 중의 하나'로 정책 당국자는 겸허하게 받아들여야 한다.

비즈니스맨이라 해도 대북 관련을 하고 있지 않은 사람은 별반 관심이 없다. 어떤 이는 골치 아픈 일을 왜 합니까, 하고 반문하기도 한다. 실제 그만큼 골치를 썩히는 요소가 많고 그래서인지 그 말에 대해 꼭 좋은 해답을 찾기가 어려웠던 적도 있다.

기업이건 정부 부처건 간에 북한문제를 취급하는 쪽에 있는 사람들은 한시라도 빨리 그 자리를 떠나길 바란다. 해도 '빛'이 나지 않는 일이라는 것이다. 기업은 더 심하다. 최소 5년 이상의 남북한 사업을 담당한 경력이 있는 사람이 많지 않다. 아무리 물리적 시간이 '실력'을 의미하지 않는다 해도 이 정도가 되면 바퀴가 사각형인 수레를 끄는 것이나 진배없다.

그러나 우리는 이제 북한도 엄연히 우리의 비즈니스 시장으로 보아야 한다. 국내의 열악해지는 기업 여건들이 해외(海外)로 기업을 내몰고 있다. 더 이상 갈 곳도 마땅치 않다. 70년대 동남아 열기에서 80년대와 90년대에 걸친 중국 열풍,

그리고 국제화의 시도 속에서 자라는 기업의 세계화 전략 등의 방향은 모두 해외로 쏠려 있기 때문이다.

북한이 비록 심정적으로 혹은 정치적으로 '우리 나라'라고 말하고 있지만 우리 손으로 맺은 1992년 2월 19일자 '남북 사이의 화해와 불가침 및 교류·협력에 관한 합의서' 제1조는 '남과 북은 서로 상대방의 체제를 인정하고 존중한다'로 시작되고 있다. 인정된 '체제'의 부분은 교묘히 '쌍방 사이의 관계가 나라와 나라 사이의 관계가 아닌 통일을 지향하는 과정에서 잠정적으로 인정된 특수 관계라는 것을 인정하고 ……' 등으로 가려 놓긴 했으나 서로의 시각은 너무나 다르다.

앞으로의 시대는 '비즈니스'의 역할이 정치를 앞서간다는 생각을 해본다. 그렇다면 비즈니스맨은 지금 북한과의 교류가 없다손 치더라도 장기적으로 준비하는 자세가 필요하다. 모두가 무관심해져도 비즈니스 세계에 속한 사람들은 무관심하지 않아야 하는 당위성이 있다는 생각이다.

도망칠 수 없는 이유

적어도 남·북한 간의 관계 정립은 오늘의 당면한 숙제이다.
내일의 문제로, 계속 정권적 차원의 문제로 다룬다면 바로 세우는 단계를 끝내지 못한 채 세월은 갈 것이다.
통일은 결코 낙관적인 용어가 아니라고 생각한다.
반대로 비관적인 것도 아니다.
어쩌면 통일이란 멀리 있는 산으로 가기 위해 우리는 어떤 길로 향할 것인지부터,
무슨 도구를 준비할 것인지,
처음부터 힘을 낼 것인지 아니면 일정한 보폭을 유지할 것인지 등을 고민하는 단계에 와 있는지도 모른다.
그렇다면 산(山)은 아직도 멀리 있다.

36계(計)는 원래 서른 여섯 가지의 갖은 모계(謀計)를 가진, 상당히 술수가 많음을 뜻한다. 그러나 여기에서의 36계는 바로 우리 속담의 '삼십육계 줄행랑이 제일'이라는 의미로 사용되었다. 어려운 때에는 도망하여 몸을 보전함이 상책(上策)이라는 말이다.

북한 비즈니스는 36계가 없다. 도망칠 수 없는 것은 역사적인 필연이다. 기업의 진출이 잇따르고 보따리를 챙겨 올 사람들도 있을 것임을 부정할 수는 없지만 그렇다고 남·북

한 간의 비즈니스에서 후퇴란 곧 영원한 단절(斷折), 포기(抛棄)를 의미하는 것이 된다. 기실 비즈니스는 남·북한 간 첨예한 갈등의 벽을 뚫을 수 있는 첨병(尖兵)의 역할을 하기에 충분한 요건들을 갖추고 있다.

비즈니스는 이미 국경(國境)을 초월하는 힘을 가지고 있다. 세계 어느 곳이라도 비즈니스맨의 영역을 벗어나는 곳은 없다. 그만큼 전투적이고 대단히 공격적인 성향을 가진 것이 비즈니스다.

북한이라고 해서 예외는 못된다. 그들도 변하지 않을 수 없고 이미 비즈니스의 성격을 잘 파악하고 있다고 본다. 그래서 더욱 '몸조심'하는 측면도 보이긴 하지만 동북아의 상황은 북한이 과거의 폐쇄성을 고집하게 내버려둘 것 같지 않다. 그러면 자멸(自滅) 뿐이다.

구태여 아주 장기적인 목표인 '먼 민족사의 장정(長征)'을 떠올리지 않아도 좋다. 우리에게 주어진 숙제가 북한과의 경제교류라는 단어로 귀착될 수 있다면 그것이 바로 민족사를 새롭게 쓰는 계기가 될 수 있기 때문이다. 우리는 지난 50년간 자의 반 타의 반 이마저도 제대로 해내지 못했다.

"북한이 다급하지 우리가 성급할 필요도, 이유도 없다."는 말은 서로의 밀고 당기는 전략(戰略)에서는 능히 구사할 수 있는 말이다. 그러나 이것은 그야말로 전략적인 용어다. 전략이란 시대의 조류를 읽지 못하면 바로 뒤통수를 맞게 된다.

이미 남북한 문제는 더 이상 우리만의 문제가 아닌 상황이다. 어떤 의미에서 북한은 스스로 국제사회로 나오려는 노력을 계속하고 있고 우리는 이를 한사코 말리는, 혹은 우리에게 먼저 안기라는 유혹을 하고 있는 상황으로까지 비춰진다. 테크니컬 하지 못한 측면에 속한다.

비즈니스는 이 와중에서 아직도 볼모로 잡혀 있다. 남북한 공히 마찬가지다. 어느 한쪽이 잘났다고 우길 이유가 없다. 북한은 아직도 남한의 비즈니스맨들이 활동할 수 있는 텃밭을 가꿀 기회를 주지 않고 남한은 이런 현상을 원인(原因)으로 삼아 활동을 제한하고 있다. 이행을 담보로 저당 잡힌 비즈니스는 몹시 애처롭게 보인다. 볼모잡힌 비즈니스의 꼴은 썩 보기 좋지 못하다.

남한의 반북(反北) 히스테리는 사연이 있다. 전쟁을 겪고 직접 눈으로 본 처참한 광경들을 쉽게 지울 수는 없다. 그러나 역사(歷史)는 보다 나은 생존을 위해 끊임없이 변할 것을 요구한다.

베트남은 미국과의 전쟁을 청산하는 데 20년이 걸렸다. 감정으로 따지자면 '동해물과 백두산이 마르고 닳도록' 잊지 말아야 할 정도의 전쟁을 과감하게 버린 것이다. 우리는 이미 중국과도 근 50년에 달하는 적대 관계를 청산하였다. 일사후퇴를 겪은 세대도 요즘은 중국의 백두산으로 놀러 가고 있지 않는가. 그들은 만나는 중국인들에게 모두 적대감만을 표시하는 것은 아닐 것이다.

우리는 극(極)의 논리에 너무나 익숙해져 산다. '모 아니면 도'라는 식이다. 한 끗 차이가 바로 극명한 격차로 인식된다. 그래서 상대를 매도할 때도 '완전히 다른 것'처럼 인식한다. 공통점을 찾고 그것을 조합하는 모자이크 게임은 아무리 똑똑한 사람이라도 처음에는 시간이 걸린다. 그러나 한 번 해 보고 나면 다시 맞추는 것은 그리 어렵지 않다는 사실을 망각하고 있다.

적어도 남·북한 간의 관계 정립은 오늘의 당면한 숙제이다. 내일의 문제로, 계속 정권적 차원의 문제로 다룬다면 바로 세우는 단계를 끝내지 못한 채 세월은 갈 것이다. 통일은 결코 낙관적인 용어가 아니라고 생각한다. 반대로 비관적인 것도 아니다. 어쩌면 통일이란 멀리 있는 산으로 가기 위해 우리는 어떤 길로 향할 것인지부터, 무슨 도구를 준비할 것인지, 처음부터 힘을 낼 것인지 아니면 일정한 보폭을 유지할 것인지 등을 고민하는 단계에 와 있는지도 모른다. 그렇다면 산(山)은 아직도 멀리 있다.

물러설 수 없는 이유는 명백하다. 그것은 우리 민족의 역사가 오늘을 사는 세대뿐 아니라 다음 세대에도 연결될 것이고 우리가 과거의 역사에서 배운 한(恨)이나 안타까움 들이 가급적 다음 세대에서는 없어지길 바라는 마음에서 일 것이다. 그런 의미에서 우리는 오늘의 남북한 비즈니스가 가진 무게 혹은 실마리를 보다 적극적으로 찾아야 하지 않을까 생각하는 것이다.

부록

1. 편견(偏見) 없는 오늘의 북한 읽기*

1) 세계경제 속의 남북한 경제관계

과거 냉전시대의 헤게모니를 잡고 있던 주축 세력인 옛소련과 미국의 양대 산맥이 냉전의 와해와 함께 다축(多軸)으로 가고 있다. 유럽 연합이 움직이고 있고 일본, 중국 등도 움직인다. 미국은 과거 '양보'의 미덕을 통해 헤게모니를 유지해 온 관례를 깨고 점차 경제적인 실리를 추구하는 방향으로 나가고 있다. 이제 헤게모니란 바로 경제라는 총구를 통해 나온다. 모택동의 무기권력론이 경제권력론으로 대체되고 있다.

작금의 세계 경제에 불어닥친 엔고의 현상도 엄밀히는 구조 재편의 전형적인 사례에 속한다. 더 이상 '일본에게 관용

---

* 남북한 관계의 현주소는 어디일까? 과연 오늘날의 남북한의 모습은 바람직한 것일까? 남북한 문제의 극복을 위한 방법을 찾는 노력은 어디에서 시작할 것인가?
'경제 요소'를 중심으로 북한 문제를 평면적으로 고찰해 본다.

을……'이란 수사어는 의미가 없다. 경제발전을 한 만큼 그에 따른 책임을 지라는 것이 세계의 한 목소리에 속한다. 게다가 일본은 선진국의 일반적 산업 구조인 기술, 자본의 구조를 넘어서 아직도 제조업을 장악하려 하고 있다. 그에 대해 미국과 유럽 등이 반발하는 것은 어찌 보면 그들의 '밥그릇'을 위해 지극히 당연한 처사로 받아들여진다.

남북한 경제관계는 이러한 헤게모니의 변형 과정에서 매우 미묘한 시기에 와 있다. 비단 남한만의 문제로 보기엔 북한이라는 변수가 주는 의미가 크다. 이를테면 동반인가, 아니면 적대인가의 이분적 논리 구조하에서 이 문제가 풀어지고 있기 때문이다.

일본의 제조업 한계는 그 동안 일부 고부가가치 제조산업의 이전을 주저해 온 일본에게는 매우 가슴 아픈 현상일 것이다. 남한의 입장에서 일본의 고부가 제조산업의 이전은 현 단계의 발전을 넘어설 수 있는 절호의 기회에 속한다. 물론 남한 내에 남아 있는 저부가의 제조산업은 당연히 다른 나라로의 이전이 불가피하다.

여기에서 '이전의 대상'이란 문제에 직면하게 된다. 일본의 남한에 대한 기술 및 산업 이전 현상은 예견된 사항이긴 하나 과연 남한으로 넘어올 수 있는가에 대해서는 깊은 숙고가 필요하다. 왜냐하면 남한의 경우도 인건비 상승 등 현실적인 제조 환경의 난점과 나아가 사회 구조상 보다 완비된 인프라의 구조가 요망된다는 전제 조건이 있기 때문이다. 일단 아시아의 여타 국가들에 비해 남한은 가장 유리한 위치에 서 있는 것 만큼은 틀림없다.

이전의 큰 추세를 전제로 남한의 노동 집약 산업 및 저부가 기술산업도 해외 이전을 고려해야 한다. 지역 면에서 가장 첫번째로 꼽힐 수 있는 곳은 바로 중국이다. 한국기업의 중국 진출은 본격 진출을 기준으로 한다면 약 5년 정도의 경륜을 가지고 있는 것으로 평가된다. 실제 1992년 국교 수립을 기준으로 한다면 이제 3년여, 대단히 짧은 기간으로 볼 수 있다.

중국 진출은 여전히 많은 장애 요인이 있다. 중국이 받아들이는 외국자본 및 기술의 방식은 지극히 '중국적'이다. 그들이 가진 배타성의 요소도 간과할 수 없지만 여전히 외국으로써의 어려움이 많다.

특히 사회주의 시장경제라는 묘한 형태의 경제 운용은 외국 기업들의 중국시장 진출에 난점을 배가시키는 작용을 하기도 한다. 더욱이 등소평(鄧小平) 사후와 관련한 여러 가지 열악한 전망들은 기업들을 움츠리게 하는 요소가 되기도 한다.

그럼에도 불구하고 대안은 없다. 남한의 입장에서 중국은 산업 이전의 큰 흐름에서 반드시 지나가야 하는 다리와도 같다. 그러나 적응하기 위해 걸리는 시간, 그에 따른 준비들은 여전히 과제로 남는다. 인적 자원의 문제, 중국 사회의 변화에 대응하는 방법, 복잡한 기업 및 경제 운용 메커니즘 등은 모두 극복할 과제임에 분명한 것이다.

남한기업의 북한경제에 대한 시각은 바로 이런 점들이 저변에 깔려 있다. 산업 이전의 한 장소(place)라는 개념으로 북한을 보는 사람들에게 있어 북한의 현실은 매우 답답함을 가중시킨다. 북한은 체제 유지라는 측면에 유난스런 강수(强手)를 두고 있다. 아시아 지역에 있어 남한이 가진 위치에선 불가분 산업의 이전을 단행할 수밖에 없다는 점에서 보면 북한의 이런 행동 패턴은 당혹감을 주기에 충분하다.

아울러 북한경제의 현실은 중국에 비해서도 인프라 정비, 노동력 및 기술력의 성장 등에 상당히 뒤떨어진 상황을 벗어나고 있지 못하다. 내부적인 경제 역동성을 기대하기도 어렵다. 바로 이점에서 단기적인 산업 이전의 기지로 북한보다는 중국 등 아시아 국가를 꼽는 사람들이 많은 것이다.

여기에서의 맹점은 바로 북한과의 경제협력을 시작하는

첫단추에 있다. 북한이 희망하는 협력의 순번은 역시 그들의 입장에서 무난하게 받아들일 수 있는 산업에 한정된다. 노동 집약적 산업이 바로 그것이다. 일부 저부가 기술산업도 해당 사항이 있다. 그러나 정작 이를 이전해야 하는 남한은 북한과 이념적인 대치 상황에 있는 것이다.

현재의 세계는 기업 스스로 이익을 추구하는 시대이다. 일정 국가에 소속되어 있다 해도 더이상 그 시장에만 평가의 기준을 두고는 살아남을 수 없다. 세계를 대상으로 시각의 조명을 할 수밖에 없는 상황이다. 그러므로 기업의 창조적인 노력은 제재보다는 지원되는 방향으로 나가야 한다. 남한기업의 대북한 경제 진출이라는 과제는 이념의 분쟁과 세계적 경제 우선 조류 사이에서 방황하는 표류선과 같은 모습을 보이고 있다.

여타 국가들의 경우 북한은 더이상 이념적인 장(場)이 아니다. 이념이 이미 떠난 경제적인 접근이 눈에 띈다. 그들은 이미 한반도라는 정치, 군사적인 대립의 장 혹은 냉전 잔류의 장이라는 요소를 크게 중요시 하지 않는 듯이 보이기도 한다. 물론 명분과 이유라는 철저한 가면적 이중성이 국제 정치를 이끌고 온 것처럼 표면적인 상황은 그렇지 못하다.

남한기업은 이러한 여타 국가 기업들과의 근본적인 괴리

현상을 어떻게 극복하는가, 하는 과제를 심각히 안고 있다. 대답은 역시 '실행' 이외는 없다. 노동 집약 산업과 저부가 기술산업에서 출발하여 점차 고부가 노동 집약 및 제조산업으로 협력해 나가는 방법이 정해진 수순이다. 그러나 정치적 기류는 결코 한반도의 형세를 안정적인 루트 이행으로 가지 못하게 한다. 타결점은 역시 오늘에 입각하여 흐름을 찾을 수밖에 없다.

2) 남북한 경협과 해외 교포

해외에 사는 우리 민족을 해외 교포, 해외 동포라 한다. 그 중에는 남북한에 각각 친소(親疎)의 적을 두고 반목하는 현상도 있으므로 엄밀히는 우리가 부르는 해외 교포는 '우리만의 교포'가 아니기도 한다. 물론 남한의 경제발전과 북한의 폐쇄적 사회 운영으로 인해 상당수는 친남(親南) 계열의 도상에서 파악될 수 있겠지만 전체를 그 범주에 넣고 이야기하는 것은 잘못이다.

남·북한 간의 해외 동포 사업 경쟁은 일찍이 일본의 조총련과 민단이란 양대 조직의 갈등에서 가시화되었다시피 지극히 체제 경쟁적이다. 작금의 변화, 특히 90년대 냉전 이후 세계 구도의 급변 현상은 중국 교포(조선족), 재러 교포,

재미주 교포 사회에서도 여러 형태의 갈등 현상을 불러일으키고 있다.

이데올로기적 갈등이 초래한 문제 중 가장 불행한 사태는 어느 한 쪽으로도 경도(傾倒)되지 못하는 교포들의 애매모호한 지위로 연결된다. 그들에게 있어 남북한은 모두 싫은 존재이면서도 한편 심정적으로는 떠날 수 없는 대상에 속한다. 민족(民族), 혈연(血緣)이란 개념이 강한 한민족의 특성은 분단된 현실에서도 예외 없이 작용한다.

그러나 변화는 이미 시작되고 있다. 폐쇄되었던 북한사회를 열 수 있는 첫단추로써 해외 교포의 중개자 역할이 점차 부각된다. 이는 오늘의 시대에서 가장 강력한 힘을 가진 '경제' 측면과 마구 뒤섞여 있다. 이를테면 남북한 경제교류가 이제는 이산가족 상봉이란 혈연, 지연 성격의 1차적 욕구보다 빈번히 이야기되고 있는 상황이다. 그것은 한반도 문제의 해결에 있어 경제교류가 가진 비중이 어느 만큼 높아진 것인지를 반증하는 것이다.

이런 틈바구니 속에서 해외 동포들의 역할은 남북한 관계 활성화의 '기여' 차원에서 재논의되고 있다. 실제 80년대 후반 이후 현재에 이르기까지 남북한 반출입 약 9억불 가운데 상당 부분이 중국, 일본, 미국 등지 해외 교포의 개입이 있었음은 주지의 사실이다. 직접 접촉의 제한성, 교역 실행 과정의 중개 활동 등에서 이들의 역할은 매우 크다고 볼 수 있다.

재일 동포, 그중에서도 조총련계 동포는 지속적인 대북 연계를 통해 경제교류의 오랜 역사를 가지고 있다. 실제 북한에 유치된 외국인 합영기업의 약 90%는 조총련계 일본 기업으로, 이들은 경공업, 농·수산·임업, 금속 광업, 전기 및 기계, 화학 등 거의 전분야에 걸쳐 있다. '조총련 기업이야말로 북한경제의 후원 세력'이라는 식의 이야기를 들을 정도로 북한에서의 인지도 또한 높다. 그러나 북한측이 상당한 우혜를 내걸던 초창기 북한 투자의 메리트가 점차 부분적으로 탈색되는 현상이 벌어지고 있다는 말도 심심찮게 들린다. 그럼에도 불구하고 향후 남북한 경제관계 증진에서 조총련 계열 동포들이 상당한 역할을 할 것임은 부정할 수 없다.

중국 동포(혹은 在中 동포, 朝鮮族)들은 1991년 이후 중·북한 간의 경제교류가 청산계정에서 경화결제로 전환되는 과정에서 상당한 역할 여지가 부여되었다. 특히 국경 지역의 동북 3성(요녕성, 길림성, 흑룡강성)은 지리적, 경제적 환경에 힘입어 1992년 이후 대북무역전문회사들이 우후죽순격으로 생겨났다. 단동, 심양, 하얼빈, 장춘, 연길, 훈춘, 도문 등이 대북 교역 주요 거점으로 등장했다. 북한도 이 지역에 대해 상당 규모, 무역 상사들을 활동시키고 있다. 업종별로도 기계, 금속, 경공업, 건재, 식료, 농산물 등 다양하다.

이들 뿐 아니라 변경 무역 지대를 통한 '보따리 장수'들의 규모도 만만치 않다. 친인척 방문이나 상품의 물물교환, 판매를 목적으로 한 중국 동포들의 북한 왕래는 북한사회의 유일한 정규 외부교류채널이라 해도 과언이 아니다. 그러다 보니 연변을 중심으로 한 소위 '카더라'식의 이야기는 북한사회를 엿보는 주요 소식통이 되기도 한다.

재미 교포 사회의 대북 열기는 미·북한 간 관계의 진전에 따라 일견 고조되는 측면도 없지 않다. 그러나 몇 가지의 요인들이 재미 교포의 대북 경제 접근을 막고 있다. 지리적 측면도 무시할 수 없지만 특히 미국 교포 사회의 재력(財力)이 매우 보잘 것 없다는 점을 빼놓을 수 없다. 북한이 요구하는 수준을 충족시킬 수 있을 만큼 성공한 교포 기업인을 찾기도 매우 어렵다. 더욱이 오랫동안 미국식 사고방식에 익숙해진 교포 기업들의 사회주의 국가 북한에의 접근 자체가 아마추어리즘의 산물과도 같다는 악평도 나온다. 그럼에도 일부 친북 단체와 미국 기업들과의 연계 진출을 노리는 기업들을 중심으로 빠른 접근 양상을 보이고 있는 점은 주목해야 할 것이다.

이밖에도 재러 동포들의 경우, 연해주를 중심으로 한 소규모의 경제협력이 있으나 미미한 수준을 벗어나지 못하고 있고 기타 지역 교포들의 경우, 지역사회(Community) 차원보다는 개인 기업 성향의 남북한 경제교류 중개 활동이 부분적으로 있다.

해외 교포 사회, 기업, 개인들의 한반도 문제에 대한 기여 가능성은 한마디로 잠재력 차원을 넘어서고 있다. 적극적인 상호 보합이 필요하다고 여겨진다. 그러나 우선적으로 해외 동포와 한국이란 주제를 심각히 고려하지 않고서는 결코 남북한 관계에서의 해외 동포를 언급하기 어렵다.

3) 북한의 대외 경제정책 : 딜레마의 소재

90년대 북한에게 주어진 '경제발전'이란 과제는 무겁게 보인다. 경제 질서가 근근히 유지되고 있긴 하나 외부에서 보기에 위태롭기 그지없다. 한마디로 딜레마에 빠져 있다. 심각할 지경이라는 것은 북한의 최근 변화들에서 드러난다. 구조적인 문제가 있다는 것을 보여주는 대목이다.

북한 경제정책의 기본적인 기조는 뭐니 해도 역시 '주체적, 자립적 민족경제건설노선'에 있다. 한마디로 사회주의 경제를 철저히 건설한다는 것이다.

　본질적인 사회주의 경제란 70년대까지만 해도 자립자족의 폐쇄적인 경제 행위를 의미할 정도로 소위 '대외 개방'과는 거리가 먼 것이다. 실제 중국이나 베트남의 경우 등에서 볼 수 있듯이 계획 경제를 근간으로 하는 사회주의 경제의 시행은 세계적인 경제의 개방화 현상에서 낙후되는 현상을 만들어 내었다. 그럼에도 불구하고 북한은 아직도 원칙적으로 '시장 경제화' 혹은 중국식의 '사회주의 시장경제' 등으로 대변되는 '시장'의 확대를 거부하는 면이 있는 것이다.

　대외 경제활동의 경우, 북한이 의도하는 주체, 자립의 민족경제란 어떤 의미에서 순수 사회주의 경제의 이론을 답습하는 폐쇄형으로 수출 드라이브 정책이나 혹은 대외적인 의존 성향을 가진 국가경제 체제 자체를 반대하는 이론을 근거로 한다. 문제는 북한의 이와 같은 정책이 지난 70년대 이후 80년대에 이르기까지 비록 약간의 '대외 개방'을 표방했음에도 불구하고 변함이 없었다는 점이다.

　북한에서 말하는 '대외무역'이란 여전히 이러한 시각을 짙게 드러내고 있다. 90년대 들어 필요에 입각한 무역, 자본·기술의 도입 등을 추진하고는 있으나 정책의 기조가 여전히 개방이라는 선결 조건을 충족시키는 데는 실패하고 있는 셈이다.

그러나 현실적인 인식은 변화하는 면도 있다. 이를테면 대외무역 확대라는 말이 내포한 대외 개방이란 측면은 분명 존재한다. 그러나 중국, 베트남에서 공히 볼 수 있는 정치적인 변화가 선행 혹은 후행하는 현상이 북한 내에서는 나타나고 있지 않다. 북한의 정치 구조는 흔히 이야기하는 '오너 드라이브형'을 기본으로 하고 있고 상부의 지시와 그에 따라 하부 조직이 움직이는 형태를 취하고 있다는 점은 이런 변화의 시기에 오너의 역할을 강조하고 있다.

체제의 공고화라는 정치과제가 억누르고 있는 상태에서 경제 개방의 한계가 여실히 드러난다. 그럼에도 불구하고 제한적이나마 대외 개방정책을 시행하는 것은 역시 이러한 세계적인 사회주의권 국가들의 변화와 직결된다. 북한의 현실 인식은 이 점에서 대단히 중요하다.

오늘의 북한이 처한 입장은 대단히 난삽한 문제들이 얽혀 있는 형국이다. 이를테면 90년대 들어 동구 사회주의 국가의 체제 붕괴가 가져온 여파가 북한에게 정치면의 상처뿐만 아니라 경제의 아킬레스건을 건드렸다. 기존의 적지만 안정된 청산계정의 교역 형태 자체가 파괴되었다. 회복될 수 없을 정도의 깊은 상처를 통해 북한의 변화는 예견되고 있지만 확실히 예상보다 그 변화는 매우 점진적으로 이루어진다.

90년대 경제정책에서 두드러진 변화는 역시 대외무역에 있다. 어쩌면 유일 대안으로 제시된 것이기도 하다. 세계 여러 나라들과의 대외무역을 전면적으로 발전시켜야 한다는 과제는 지금까지 중앙의 통제하에 있던 각 부문, 기업, 단위들에게 권한의 분산을 의도하지 않고서는 이루어질 수 없다. 그에 따른 분산(分散)은 결코 분권(分權)이 아니라는 점이 있긴 하나 분명 변화의 초점으로 여겨질 만한 내용이다.

대외무역과 수출우선의 논리는 이미 북한 전역을 휩쓸고 있다. 사회주의 경제 건설 완충기의 '무역 제일주의'라는 방침은 무역과 수출을 직결되는 요소로 연결시켜 놓았다. 중대한 정책의 과실은 무역이란 유무형의 자산이 이동하는 수출입을 통칭하는 말이며, 그중에서 수출을 우선한다는 내용을 두긴 했으나 수입 부문에 대해 크게 언급할 여지를 남겨 두지 않았다는 사실이다.

수입부문의 해결책이 제시되지 않은 북한 경제정책의 대안은 바로 합영·합작으로 이어진다. 즉, 무역을 통해 얻지 못하는 공업과 기술을 외국과의 협력에 의해 취하면서 무역에 소요되는 외화를 확보한다는 것이다. 이 논리의 가장 큰 잘못도 역시 결핍된 무역 개방이라는 실행 과정의 타당성이 떨어지는 것으로 나타난다.

수출을 위한 원자재의 확보는 자체 해결이 불가능할 때, 결국 수입이라는 수단을 빌리게 된다. 그러나 수입에 개입되는 외화, 이를 해결하기 위한 합영·합작사업이라는 전제가 뒤를 잇는다. 어느 한 쪽도 간과될 수 없는 것임에도 불구하고 원칙적으로 대외무역의 발전이란 구호가 지난 3년간 이어져 오고 있다.

이 과정에서 원자재의 부족을 해결할 수 있는 대안으로 '가공무역'이 나타났다. 가공무역과 함께 무역의 다양화를 언급하면서 제3국무역, 바터무역, 변경무역, 협동무역 등을 다른 각국에 다각화하는 작업도 병행한다는 전략도 제시되고 있다. 그러나 제3국무역이나 바터·변경 무역 등은 기본적으로 인근 지역을 대상으로 한 확대가 불가피하다. 특히 사회 기반 시설의 미비 상황에서 이러한 방식의 무역 확대는 한계가 분명하다.

그 동안 북한이 내놓은 정책 대안은 여전히 무역 및 투자 확대라는 큰 틀에서 벗어나지 못하고 있다. 미시적인 다양한 정책들을 효율적으로 응용, 추진하고 있지 못한 것이다. 체제 위기라는 측면을 우려하여 개방을 하지 않을 경우, 사실상 대내적 문제를 풀 수 있는 묘수는 존재하지 않는다는 점이 중요하다.

4) 김정일 시대의 북한의 변화

김정일 시대는 등장했다. 분명한 것은 과거 김일성이라는 인물 아래에서 청지기 역할을 했던 김정일과 주인이 된 김정일을 동일 인물로 볼 수 없다는 것이다. 위상이 바뀌면 그만큼 행동도 달라진다는 것을 예상해야 한다.

그를 둘러싼 수많은 논쟁들은 그러므로 다시 정의되어야 한다. 1994년 7월 김일성 사망 후 한국 언론을 뒤덮은 김정일 평전은 한마디로 개인에 대한 지나친 해부로 일관되어 있다. 오히려 강조되었어야 할 정책 결정권자로써의 모습은 그의 신체적 특징, 성격상 결함, 행동의 기상천외함 등으로 덮여지고 말았다. 그러나 그것이 무슨 득(得)이 되었는지는 모를 일이다.

김정일에 대한 필자의 분석은 한마디로 '레디 고(Ready Go)'형으로 정의된다. 김일성 사후 '상중 통치(喪中統治)'라는 독특한 지배 형식을 유지하고 있는 북한사회는 김정일이 만든 것임에 의심의 여지가 없다. 영화, 연출 등에 대한 광적 집착 이야기를 빼놓더라도 그가 앞으로 전개할 정책의 방향도 어찌 보면 더욱 시나리오 강조형이 될 공산이 높다는 의미다.

아직도 국가 주석과 당총비서직을 승계하고 있지 않다고

해서 김정일이 북한의 주인임을 부정하진 못한다. 우리는 작년 1994년 하반기 이후 지금에 이르기까지 정부의 고위 인사, 정치인, 학자들이 내놓은 다양한 가설들, 이를테면 북한 내부 쿠데타, 김정일 건강 이상, 4월 승계 등의 논의들이 시간이 얼마 지나지 않은 현재에 이르러 모두 사실 불명으로 확인되고 있음에 주목해야 한다.

우리는 매우 맹목적으로 상대를 폄하하는 행동을 취해서는 안 된다. 대북 정책에 있어서도 예외는 아니다. 그러한 사고는 냉전시대의 '이전투구(泥田鬪狗) 사고방식'이 가져다 준 매우 비합리적이고 감정적인 대응 양태에 속한다. 그러므로 보다 차분한 사고, 준비된 대응만이 좋은 결과를 가져다줌을 잊지 말아야 한다.

그런 면에서 김정일 시대의 북한은 이미 '활로(活路)'의 향방을 정확히 정하고 있다고 보아야 한다. 1992년 동유럽과 옛소련의 사회주의 붕괴가 가져다준 여파가 가시지 않을 무렵, 최대·최근접 동맹국인 중국마저 '세계속의 중국'이란 과제를 앞두고 변하는 모습을 보았다. 북한으로써는 심각한 배신감을 느낄 수밖에 없는 외부 상황은 싫건 좋건 변화를 강요했다.

그로부터 대두되는 핵(核)문제는 90년대 초반 한반도의 최대 이슈로 등장했다. 북한은 여러 단계에 걸쳐 미국 아닌 다른 쪽의 대안이 없음을 뼈저리게 인식하고 결국 히든카드를 뽑은 셈이다. 그 충격은 지난 2년여 동안 동북아 질서의 구조적 재편이란 지진 현상을 불러일으키고 있다.

김정일 시대란 앞으로 싫건 좋건 '핵(核)시대의 적자'로 등장할 것이다. 비록 김일성이 최후의 순간까지 '미국을 풀기 위한 한반도의 연출'에 진력했지만 결국 그 공과(功過)는 김정일의 것으로 돌아가고 있다.

아직도 등장하지 않는 김정일을 두고 말들이 많긴 하지만 그는 1차적인 정치 생명이 대미 관계의 극복에 있음을 잘 알고 있다. 따라서 미국과의 관계 개선이 가시화되는 시점으로 모든 정치 일정을 조정할 것으로 보인다. 이 현상은 경수로의 합의, 쌀 문제의 해결, 미국과의 상호 연락 사무소 개설, 대일수교진행 등 일련의 진전 상황에 의거 확연히 드러나고 있다.

북한의 향후 변화에 대해서도 이론(異論)이 많다. 김정일이 자본주의를 배우고 싶다는 말을 했다거나 혹은 북한 내부에서 개방을 둘러싼 첨예한 갈등이 있다는 등의 소식도 들린다. 표면화되기 전에는 어느 것 하나 정설로 자리잡기는 힘든, 그야말로 가십 차원으로 생각하는 것이 좋다.

중요한 것은 김정일이 의도하는 북한사회는 국제 정세가 밀접히 반영된 것이라는 점이다. 과거 폐쇄형으로 일관되었던 북한사회가 일시적인 개방 국면으로 돌입하리라고 믿을 수는 없다. 그렇지만 북한이 개방 일선으로 내놓은 나진·선봉 자유무역 지대는 미국이나 일본 등 외국 기업의 입장에서 장점을 크게 느끼지 못한다는 데 문제가 있다. 다른 지역에의 개방이 직·간접으로 강요되고 있다. 자본주의 기업은 이익을 기반으로 움직이는 공룡과 같은 존재다. 결국 경제 회복을 위해서는 확대 개방은 불가피할 것이다.

두 마리 토끼 중 나머지 한 마리는 역시 체제 유지에 있다. 보다 강화된 통제가 사회 전반에 걸쳐 진행될 소지도 크다. 그러나 이는 경제 활성화란 과제와 맞물려 매우 미묘한 국면을 조장할 것이다. 그간 유지되어 온 사회주의 계급 이론이 서서히 변화될 수도 있다. 생존이란 문제와 직결된 식량 공급 문제도 눈앞에 닥친 문제이다. 이미 농업 부문에 대한 적극적인 정책 변화가 예비되고 있음도 감지된다.

김정일 시대의 북한은 이미 조용하지만 빠른 속도로 변화 대응 태세에 돌입하고 있다. 우리가 그의 개인적인 품성을 꼬집는 사이 진행되고 있고 거대한 동북아 질서 개편 움직임도 주목되어야만 한다. 그런 의미에서 1995년은 우리에게도 새로운 인식을 강요하고 있다. 대전환의 시기를 맞고 있는 것이다.

5) 북한의 무역 제도

북한은 90년대 초반부터 해외 각국의 무역정책에 대해 관심을 기울이기 시작했다. 특히 동일 사회주의 국가인 중국이 어떻게 무역 부분을 통제하고 관리하는지에 대해 관심을 가지고 다양한 부문의 인물들이 자료를 수집, 보고한 것으로 알려진다.

주지하는 바와 같이 북한경제는 철저한 계획 경제를 표방한다. 무역정책에 있어서도 중앙의 엄격한 계획이 작용하고 아울러 80년대까지만 해도 국가독점무역체제를 고수했다. 이의 구체 사항으로 국가가 설치한 국가기관을 통한 무역의 통합 관리, 국가가 해외시장 진출 무역 기관 설치, 사회주의 건설 요구에 부합하는 무역 계획에 기초한 상품 수출입 규제, 기타 허가, 할당제 등을 통한 국가 무역 기관의 거래 업무 통제 등을 들 수 있다.

이 원칙은 현재도 고수되고 있는 사항이나 세부 내용 면에서는 약간씩의 변화를 나타내고 있다. 가장 뚜렷한 변화는 역시 '다양화 시도' 측면에서 보여진다. 과거 상호 협정에 의

한 2국간 거래는 철저한 무역균형 원칙이 적용되어 심각한 국제 수지 불균형을 초래하지 않았다. 그러나 80년대 말, 90년대 초 옛소련, 동유럽 사회주의 국가의 붕괴, 즉 자본주의 시장경제체제 도입은 북한경제의 기존 무역 관계의 틀을 전환시켜야 할만큼 심각한 문제를 야기했다.

92년 이후 북한 주요 경제학자 및 기관들이 출간한 각종 자료들은 북한의 대외 경제 무역정책의 상당한 변화를 시사하고 있다. 내용들도 대외관계가 가진 특수성으로 보면 자연 자본주의 색채가 상당 부분 되어 있다. 즉, 대외 시장의 확대, 수출품 생산 기반 확충, 대외 신용 기반 구축, 무역 전문가의 양성, 대외무역 결제 방식의 개선 등 현실적 문제가 대부분이다. 이들 과제는 북한 내부에서 매우 절실한 과제로 받아들여졌다.

그 결과로 나타난 것이 이른바 신무역시스템이란 것이다. 북한은 92년 말 대외 경제 관련 조직의 통폐합을 통해 무역 제도의 개선을 시도했다. 무역부, 대외경제사업부, 대외경제 위원회로 3원화된 조직을 대외경제위원회로 일원화시킨 작업 등도 그 일환이다.

새로운 무역 제도의 핵심은 중앙 단위의 대외경제위, 각위원회, 부(部), 도(道) 등이 직접 무역 회사를 설립하여 세계 각국과 다양한 형식과 방법으로 무역을 한다는 것이다. 생산과 무역이 직접 수행, 관리되고 그 결과도 책임지는 일종의 팩키지성 권한 하부이양을 시도한 셈이다. 부분적으로 이 제도 시행은 변경 무역(중국, 러시아)을 중심으로 효과를 본 측면이 있다. 그러나 문제는 충분하지 못한 인적 자원, 중앙부처내, 중앙과 지방 간의 역할 혼선, 기타 북한 내 통제시스템의 뒷받침 부족 등 다양한 원인이 효율적 운용을 방해하는 요인으로 등장해 있다.

그렇지만 주로 중·북한 변경 지역을 중심으로 북한의 각급 도(道)위원회, 산하 무역 기관들의 활동이 활발하다. 각 무역 기관별 경쟁현상이 나타나기 시작한 것도 이를 전후하는 시기로 볼 수 있다.

이러한 노력은 1992년 이후 현재에 이르기까지 정착되기보다는 내부적으로 갈등을 불러일으킨 측면이 많다. 당·정·군이 모두 무역을 하는 와중에서 대외 경제 담당 부서의 역할이 애매 모호하게 된 것이다. 통폐합된 중앙 단위인 대외경제위원회는 당사업기관, 군무역회사 등과의 알력과 견제 등으로 충분한 역할을 하지 못하게 되었다. 그에 따라 또 다시 여러 차례의 변화를 맞이하게 된다.

최근에는 대외경제위 상하 조직으로 경제협조총국이 등장

하여 대외 경협의 창구로 활동을 개시하려는 움직임도 보인다. 경제협조총국은 고려민족산업발전협회, 합영총국, 경제개발총국 등을 흡수하는 거대 조직으로 알려지고 있다.

북한의 무역 계획은 정무원 산하의 국가계획위원회가 기본 계획을 작성, 정무원 승인을 거쳐 대외경제위원회가 연간 무역 계획을 작성하는 것으로 되어 있다. 이 계획에 의거, 무역상사별 분기 자체 수출·수입 계획안이 작성되고 대외경제위는 수입 계획에 대한 최종 수요처 계획안을 검토, 조정하는 한편, 수출 계획안에 대해서도 생산기업소의 실제 생산능력을 감안, 조정작업을 한다. 이 과정을 거쳐 국가계획위가 전체 경제계획과 대비 종합 조정하는 과정을 거쳐 정무원, 최고인민위원회 의결 후 무역계획으로 확정된다.

핵심 관련 부처는 국가계획위와 대외경제위가 되며, 그중에서도 대외경제위는 계획의 현실적 주체가 된다. 그러나 정무원 차원이 아닌 당(黨), 군(軍)의 경우 각 부문간의 갈등을 고려한다면 충실한 취합을 예상하기 어렵다.

이처럼 북한의 '무역'은 단순히 제도적인 측면보다는 더욱 복잡한 사회구조적 문제가 가미되어 있다. 사회주의 국가의 비효율성에서 흔히 드러나는 조직이 쉽게 사라지지 않거나, 혹은 '조직은 사라져도 업무는 남아 있는' 현상들이 동일하게 드러나기 때문이다.

그럼에도 불구하고 북한은 조금씩 대외관계, 특히 경제 부문이 손바닥 하나로 소리가 나지 않으며 상대해야 할 손바닥이 하나가 아닌 여럿이며, 동일한 소리를 내지만은 않음을 인식하는 과정에 있다. 이 변화는 조만간 그들의 사회구조까지도 조금씩 변형하는 계기가 될 수 있을 것이다.

6) '외화 벌이 일꾼' : 무역 회사들 1

북한의 무역 회사들은 조직화된 틀 속에 있다. 관료 조직의 부(部)나 처(處) 같은 자리를 차지하고 상급 기관의 절대 통제를 받는다. 사적 경제 행위를 할 수 없는 국가 운영(國營)의 입장에서 대외무역에 참가한다.

원칙적으로 대외경제위는 북한 내 모든 무역상사의 수출입을 모두 관장하게 되어 있다. 무역 계획의 수립에서 보듯 국가계획위가 경제발전과의 보합성을 따져야 되는 상황에서 언뜻 생각하기에 통제가 잘되고 있다는 생각을 할 수도 있지만 실제로는 운영 주체가 대별화될 수밖에 없다. 정무원, 노동당, 군부는 북한사회를 구성하는 주축이며 아울러 혼선 요인이기도 하다.

정무원은 대외경제위 운영 무역회사뿐 아니라 사회안전

부, 국가보위부, 보건부 등 주요 행정부처가 자체 필요에 의거, 직영 무역상사들을 별도 운영한다.

대외경제위 산하에는 '남북한 쌀 회담'에서 주요 역할을 담당했던 조선삼천리총회사, 봉화총회사 등이 있고, 경공업위원회에는 의류 봉제가공 등을 위주로 하는 조선은하무역총회사 등이 있다.

이밖에도 국가보위부의 신흥무역회사, 사회안전부의 동흥무역회사, 광업부의 마그네시아크링커 수출입회사, 기계공업부의 공작기계무역회사, 금속공업부의 흑색금속수출입회사, 화학부의 남흥무역회사 등은 우리에게도 익히 알려져 있다.

노동당의 경우, 중앙당 내 직영 무역상사들은 대체로 부부장(차관)급 인원이 책임을 맡고 있을 정도로 연계 체계가 매우 긴밀하다. 대외적으로 대성무역상사로 알려진 대성총국은 북한 최대의 무역상사로 산하 10개 무역상사와 조선대성운수회사, 5개 수산업 관련 상사, 동남아, 동유럽 등의 10여 개 외국 지사, 그리고 금융기관인 대성은행도 운영한다. 소속은 중앙당 재정 경리부 39호실로 북한 정보기관 인원의 대외활동시 대성무역의 명의를 사용하는 예가 많은 것도 이처럼 광범한 조직을 가지고 있기 때문이다.

중앙당 직속의 광명성총회사도 남북한 교역에서 의류의

북한의 임가공의류 샘플.

위탁가공, 한약재, 농산물 등의 공급원으로 잘 알려져 있다.
광명성경제합작회사, 광명성무역, 광명성건설 등을 두고 있
다. 이밖에도 재정경리부 소속의 건설용 기자재 회사인 만경
무역회사, 마그네시아크링커 합영을 주도하는 조선백두산무
역상사가 있고, 중공업부의 은덕무역총국, 중앙당 3호청사
직속 조선대동무역상사, 중앙군사위원회의 어은무역, 중앙당
간부부 직속 대양무역회사 등이 있다.

　평양시 당위원회의 경우는 릉라무역총국을 보유, 러시아,
일본, 싱가포르 등 해외 10여 개 지사를 운영하고 있기도 하

다. 산하에 제1~제8 무역 회사와 선박 회사도 보유하고 있으며 취급 상품도 경공업 제품, 1차 상품, 기술협력 등 다양하다.

북한 군부도 대외무역에 깊숙이 참가하고 있다. 남·북한 간의 군사적 대치 국면이 수십 년간 지속되면서 군부는 북한 내 소공화국으로 불릴 정도로 대내외 업무가 비밀리 추진된다. 특히 무기 수출입은 인민무력부의 주요 수출입 활동으로 그 규모를 짐작하기 어려울 정도다.

대외 활동하는 무역 회사로 비철금속 광물, 농수산물 등을 취급하는 매봉무역총회사, 인민무력부 산하 국방경비총국 소속 은파산무역회사, 후방총국 소속 융성무역회사, 남북한 교역에서 주로 수산물의 공급원으로 알려진 부흥무역회사 등이 있다.

국방위원회의 경우 용악산무역상사를 운영하고 있으며, 이 회사는 무기 수출을 독점하고 있는 것으로 알려지나 대외적으로 거의 모습을 드러내고 있지 않으며, 용악산무역의 자금은 용악산은행이 일괄 관리한다. 이 은행의 자금 보유고는 전혀 대외에 알려진 바 없다. 또한 용악산은행 이외에도 북한 내에서는 되거리국으로 불려지는 무역은행 9국 계좌에도 인민무력부의 자금이 예치되어 있는 것으로 알려진다.

이처럼 중앙당을 비롯한 주요 기관들은 각각 상당 규모의 무역 회사를 거느리고 있으며, 독립채산제 방식을 통해 운용을 꾀하다 보니 대외경제위의 수출입 통제는 실질적인 효과를 발휘하지 못하고 있는 셈이다.

또한 우리에게 알려진 무역상사들은 잦은 통폐합과 신설, 재편성 등이 수시로 진행되므로 외부에서 이들을 상시적으로 접촉하기란 매우 어렵다. 예를 들어 북한은 외국 기업들에게 전화번호부를 공개하고 있지 않으며, 국내 여건의 변화에 따라 잦은 전화 변경 작업을 하므로 일부 기업을 제외하곤 실제 이들과의 유선상 업무 협력이 거의 불가능에 가까울 정도다.

북한의 무역상사는 전문 무역상사와 종합상사의 2개 종류로 구분된다. 종합상사는 '총회사'란 명칭을 사용하며 대체로 산하에 방계회사군을 거느리고 있다. 총사장이란 우리식의 회장에 상당하며 사장은 1명이 아닌 경우가 대부분이다.

최근에는 각급 무역 회사들이 외화 벌이를 위해 외국과의 수출입, 제3국간의 중계 업무, 중개 무역 등 다양한 무역 패턴의 변화를 시도하고 있다. 외화 부족의 심화 현상이 다양한 자금 수요, 이를테면 자체 경비, 물자 조달 경비, 정책 자금, 국가경제 건설 자금 등을 충족시키기 위한 기업간의 경쟁을 촉발시킨다는 분석도 가능하다.

7) '외화 벌이 일꾼' : 무역 회사들 2

북한의 주요 대외 무역상사들을 살펴보면 그들의 업무 영역을 개략적으로 파악 가능하다. 직접적인 업무 연락이 있는 경우 산하 회사(방계회사)가 되긴 하지만 꼭 그렇지 않을 경우도 군소 회사의 경우 소위 '아바이 회사'라는 구조를 통해 상급 기관(회사)을 설정하는 방식도 나타난다.

한국기업들에게 가장 유명한 회사는 역시 조선삼천리총회사다. 비단 쌀 문제의 전면에 등장한 것 뿐 아니라 상당수 국내 기업이 삼천리와의 직·간접 협력을 가지고 있다. 어찌 보면 북한 대외경제위의 대남 관련 대표 기업의 형태도 띈다. 그러나 의외로 산하 기업에 대해서는 크게 알려진 바가 없다. 남북한 교역에서 아연괴, 의류 위탁가공 등으로 알려져 있고, 총사장이었던 조원명이 고려민족산업발전협회 회장으로 자리를 옮긴 조선국제무역촉진위원회 위원장직을 잠시 맡고 있었다는 사실에서 그 비중을 짐작할 수 있을 뿐이다.

대외경제위 소속 총회사 중 광명무역연합회사도 주목할 만한 대상이다. 이 회사의 특징은 산하에 12개 지방 무역 회

조선은하무역총회사 샘플전시장의 모습.

사를 운영하고 있다는 점이다. 개성의 송악산무역, 신의주의 압록강 무역, 강계의 인동무역, 남포의 남산무역, 평성의 대동강무역, 청진의 두만강무역 등이 있다. 남북 교역에서도 1차 농산물을 비롯, 수산물, 주류, 경공업 제품 등 지방 차원 특산품의 교역이 많았다.

봉화총회사도 규모 면에서 이들에 뒤지지 않는다. 산하에 대성 총국과 유사한 전문 품목별 회사(제1~제7 무역 회사)를 운영하고 있다. 봉화 제1의 경우 기계, 금속, 제2는 향수, 정제유 등, 제3은 목재, 아연광, 제4는 의류, 직물, 제5는 화학, 금속 제품, 제6은 완구, 수산물, 잡화, 제7은 수산물 및 합영사업 등이다.

의류 분야의 전문 기업으로는 경공업위원회의 은하무역총회사가 있다. 일본과 오랜 교류 역사를 지니고 있고, 산하 황주모직, 개성모직 등 100여 개 의류, 직물 관련 공장을 운영하고 있다. 싱가폴, 말레이지아, 인도네시아 등에 지사를 운영하고 있는 것으로 알려진다.

노동당이 운영하는 총상사로는 대성무역총상사를 꼽을 수 있다. 중앙당 39호실 대성총국 소속으로 1975년에 설립된 것으로 알려진다. 해외 부문의 수출입, 합영, 합작 사업 추진뿐만 아니라 북한 내 주요 항만 및 주요 철도역에서도 지사, 출장소를 설치, 운영하고 있다. 산하 제1~제10 무역 회사들이 금속, 기계, 직물, 수산물, 농산물, 공예품, 플랜트, 식품, 비철금속, 수송, 상업 서비스 등을 취급하고 있다.

평양시 당위원회가 운영하는 릉라도무역총회사도 규모가 적지 않다. 산하에 농산물 기지를 보유하고 있고 아시아 주요 지역을 중심으로 활동이 활발하다. 경공업 제품, 농수산물, 의류 가공, 선박 운항(능라도, 부흥호) 등을 산하 제1~제8 무역 회사를 통해 진행하고 있다.

총회사 이외에도 조선건재무역회사(시멘트 등), 석탄무역

회사(무연탄), 흑색금속수출입회사(빌레트, 선철 등), 농산물 무역총회사(고사리, 벌꿀 등), 수산물 수출입 회사(명태), 경공업 무역 회사(주류, 경공업품), 경공업 제품 수출입 회사, 식료 무역 회사, 출판물 수출입 회사(이조실록), 만년보건총회사(한약재), 장수무역회사(로열젤리), 금강산국제무역, 남흥무역회사(화공제품), 동흥무역회사(광산기계, 석재), 릉라888무역상사(한약재, 식료품), 매봉무역총회사(아연괴, 한약재), 모란봉무역회사(농수산물), 부흥무역회사(수산물), 옥류무역회사(주류 등), 청봉국제개발회사(농산물, 한약재) 등 전문 수출 회사들이 직·간접으로 한국기업과 관련을 가진 바 있다.

이들 기업들은 총회사와는 달리 업무 영역이 중국 혹은 옛러시아권을 크게 벗어나지 못한다. 즉, 종합상사격인 총회사들이 인원과 능력을 바탕으로 해외시장의 개척에 앞서는 반면 소규모 기업은 엄밀한 의미의 대외무역을 하고 있지 못한 것으로 볼 수 있다.

북한의 무역 회사들이 대외 활동을 보다 강화하는 데는 여러 가지 난제가 따른다. 국내 생산 상품, 즉 거래 상품의 부족과 인적, 물적 자원 미비, 내부적인 강력한 통제, 그리고 전반적인 대외 교류의 인지도 부족 현상은 상당 기간 이들의 활동을 제약하는 요인으로 작용할 것이다.

그럼에도 불구하고 북한의 대외경제개방은 기존 기업들의 업무 영역을 변화시킬 수 있을 것으로 보이며, 점진적인 기업의 해외성 제고는 북한사회 전반의 변화에도 영향을 배가시킬 것이다. 북한을 개방으로 이끄는 첨단에선 조직으로 손꼽을 수 있는 것이 바로 대외무역회사인 셈이다.

8) 북한기업의 대외 전략

최근 들어 북한기업들의 활동은 본격화되고 있다. 물론 그 이전에도 쭉 일정 수준의 움직임을 보여왔지만 과거에 비해 조금 나아진 것일 뿐이라는 견해가 나올 수도 있다. 그러나 활동 환경의 변화는 기업 전략에도 상당한 변수로 자리한다.

작년 말 이후 현재에 이르기까지 북한기업의 활동은 정치 결정력에 의해 좌우되는 경향을 보여 왔다. 예를 들어 금년 2월의 경우 심지어 중국에서조차 북한기업을 보기 어려웠고, 3월 중순에서야 얼굴을 비치기 시작하다가 4월 말 평축행사를 전후해서는 또 쥐죽은 듯이 엎드려 있었다. 그러다 5월 말이 되어서야 슬슬 외부에 나타나 최근에는 여기저기에서 사업을 벌이고 있다.

이런 흐름을 토대로 본다면 북한은 역시 기업 차원의 전략이 없다고 해야 옳을 것이지만 그렇다고 원칙이 없는 것

은 아니란 점에 주목해야 한다. 대외무역이 강조되면서 나타
난 그들의 일련의 활동들은 우리의 입장에서 한번쯤 정리될
필요가 있을 것이다.

북한 상사는 주지하는 바와 같이 '전부문의 총력 수출'을
모토로 각 부문, 지역들간의 경쟁이 치열하다. 당(黨), 정(政),
군(軍)의 3대 체계 아래 각각 편제된 기업군은 총회사라는
종합상사와 각급 상품을 전문 취급하는 전업 회사, 그리고
기타 회사군으로 크게 대별된다. 외형적으로는 당(黨)쪽에
편재된 회사보다는 정무원 산하, 더 자세히는 대외경제위가
관장하는 회사들의 숫자가 많다.

그렇다고 어느 쪽이 더 강하다는 식의 판단은 매우 위험
하다. 흔히 대북 교역 중개자들이 '이쪽은 누구 라인이니까'
하는 식으로 전지전능한 파트너인 것처럼 내세우는 말들은
어찌 보면 비즈니스 측면에서는 엉터리에 가까운 것이다.

예를 들어 건자재를 전문 수출입하는 회사에 수산물을 요
청할 경우, 그들은 결코 수산물을 제대로 된 가격, 운송 조건
으로 거래하기 어렵다. 이른바 '연목구어형 상담'이 된다. 아
무리 기다려도 회신은 오지 않는다. 일정 부분에 있어 영향
력은 인정할 수 있겠지만 북한사회에서도 이제는 단순한 상
부의 파워만으로 모든 문제를 해결하기란 쉽지 않다는 점이

중요하다.

북한 대외무역 기업들은 제각기 업무 영역을 뚜렷이 가지고 있다는 사실은 한편으로 일종의 업무 분장을 하고 있다는 것을 의미한다. 내부적인 이런 형식이 붕괴되는 경우는 상부의 지시, 특히 당(黨)사업과 관련될 때 생겨난다. 대규모 행사 물자의 조달 혹은 주석궁 물자들의 수급에서는 전부문이 할당된 업무내에서 움직여야 한다.

이런 내부적인 구조에도 불구, 주목할 점은 대외무역 담당 인원들이 해외시장에 대해 상당한 이해를 가지고 있다는 점이다. 실제 해외 교포들을 통해 한국에서 사용하는 각종 사전, 특히 한영, 영한 사전류나 무역용어집 등은 북한 내에서 광범하게 사용되고 있다. 앞뒤 페이지가 뜯겨 나가긴 했어도 분명 우리가 흔히 사용하는 사전들이다.

그들과 직접 만나 본 사람들이 경험으로 이야기하는 '지독스런 골수분자', '아무것도 모르는 먹통' 등의 표현은 그들이 해외활동을 하는 과정에서 감시 속의 자신을 지키는 '보신(保身)'의 몸짓임을 간과해서는 안 된다. 그것을 곧 그들의 해외시장 이해도와 관련시키는 것은 사회주의, 특히 북한사회에서 생활하는 사람들의 겉과 속이 얼마나 다른지를 모르는 셈이다.

북한기업의 활로는 정치 행동과 직결된다. 이를테면 경제의 파트너로 이미 미국 기업이 등장하고 있다는 사실이 그렇다. 과거 중국, 홍콩, 일본, 동남아 등지에 한정되었던 비즈니스 영역이 미국과의 유화적 관계 개선 움직임으로 점진적으로 팽창될 소지가 크다는 점이다.

기존의 업무 영역에 대해서도 약간은 공격적 성격을 띤 적극성을 보인다. 동구 유럽 붕괴 이후 유럽 지역과의 교류가 한동안 냉각 상황이었으나 점차 옛소련을 비롯, 독일 등과의 경제교류도 확장하고 있다. 중국과는 청산계정 종식 이후 성(省) 차원 교류에 대해 탈퇴하려는 동향도 주목된다. 동북(東北) 지역을 벗어나 중부, 남부 지역으로 업무 파트너를 확장시키려는 노력은 아직은 초보적으로 평가되나 서서히 효과가 나타날 것으로 예상된다.

한국의 입장에서는 여전히 이들 변화들이 체감 수준까지는 이르지 못하고 있다. 체제 유지 차원의 북한 지도부의 사고가 쉽사리 대남 개방으로 치닫기는 어렵다는 문제가 잔존한다. 그래서인지 여전히 접근에는 변화가 반영되어 있지 않다. 미세하나마 그들의 변화에 주목해야 할 것이다. 아무리 장기 차원의 비즈니스를 꿈꾸더라도 단·중기 대책이 없는 장기 전략은 소용이 없다.

2. 북한 연구 어디까지 왔나 : 경제 중심*

　북한 연구는 한 국가에 대한 총체적인 연구를 포괄하는 의미를 가진다. 연구의 단위가 국가로 책정되면 그만큼 종합적인 분석이 불가피하다는 의미로 볼 수 있다. 현재의 북한 연구는 과연 어느 수준으로 보아야 할 것인가? 매우 피상적인 듯한 이 질문의 답은 의외로 대단히 명쾌하다. 연구 자체가 없다 해도 과언이 아닐 정도로 초보성을 면치 못하고 있다.

　왜 이 같은 결론에 도달했는가를 설명할 차례다. 우선 남한에서의 대북 연구의 문제점을 살펴보면 쉽다. 우선 눈에 띄는 것은 이데올로기적 접근이 강하다는 점이다. 남·북한 간의 대치상황에 따른 냉전적 연구 활동은 매우 활발하다.

---

* 이 글은 필자가 1995년 5월 3일 민주평통자문회의, (사)통일경제연구회 주최의 "해외동포와 남북경협 토론회" 제2섹션 '북한 연구 이대로 좋은가'에 토론자로 참가하여 발표한 발표문임.

이를테면 각종 '우익 성향'의 연구 논문들은 지난 40년간 끊임없이 한국사회 전반을 풍미해 왔다. 북한 체제의 잘못된 점을 꼬집는 것은 물론이고 나아가 체제의 붕괴 혹은 그를 위한 각종 여론의 환기도 그 속에 포함된다. 전형적인 보수 강경 성향의 연구 방향으로 보인다.

더욱이 북한 연구는 지금까지 남한 권력의 유지를 위한 하나의 굵은 '선(線)'의 역할을 충실히 해왔다. 즉, 국내 지향적인 이용도 혹은 활용도가 매우 높은 주제로써 '통일론(統一論)'의 당위성을 강조하면서 정치권의 논리 전개에 절대적인 키 역할을 했다. 반공(反共) 혹은 실향민을 달래는 안전통일(眼前統一), 평화통일(平和統一) 등이 모두 그에 상당한다. 안보논리는 분명 우리들의 자구(自救)를 위한 대응책의 하나이긴 하나 실제 권력유지라는 측면의 보조논리화된 점도 무시할 수 없다.

정보의 제한성도 빼놓을 수 없다. 직접 접촉의 제한·한계성에 부닥친 상황에서 정보기관을 통해 입수된 각종 북한 전반의 자료는 철저한 통제하에서 일반에게 공개되었다. 공개보다는 비공개가 많았던 것은 역시 국내 상황과 무관하지 않다. 현재는 이러한 통제 자체가 매우 심각한 위협을 받고 있는 상황이다. 주변 상황의 변화 때문이다.

　대외 상황 즉, 국제 관계의 변화 동향은 남북한 관계를 조명해 온 우리의 시각과 불연계성을 띄며 진행되고 있다. 역시 남북한 관계가 비단 우리의 문제가 아닌 역할 당사자나 관계 당사국간의 복잡한 얽힘 속에서 파생됨이 여실히 드러난다. 이념 냉전의 종식 이후 새롭게 생겨난 경제 냉전 현상은 상호관계론의 실체를 완전히 변형시키고 있다. 그럼에도 직접 당사자인 남북한은 여전히 이념 냉전의 틀 속에서 벗어나고 있지 못하다. 불행한 일이다.

　남한뿐만 아니라 세계 어느 나라의 경우도 북한 연구의 층을 두텁게 가진 곳은 없다. 연구자 층의 빈약성을 언급하는 것은 결국 북한의 폐쇄성과도 맞물리는 주제다. 그들이 변화하지 않고 고수해 온 유일 체제 혹은 자력갱생적 사고들은 북한 연구의 필요성을 높여주지 못했다. 이념 냉전 중에도 역시 연구의 주체는 옛소련이나 중국과 같은 사회주의 국가 중심이었고 주변 국가는 그에 따른 부속 연구 대상이었을 뿐이다.

　남한의 북한 연구는 이런 상황에서 모든 초점을 이념적 대립에 맞추고 있었다. 80년대 이전의 상황을 고려한다면 이것은 타당했다고도 보여진다. 세계가 동서간의 대립 기조를 중심으로 한 메커니즘 속에 있었기 때문에 남한이라고 해서 그 이상의 전략 혹은 전술을 구사할 입장이 아니었다. 그러나 90년대 들어 모든 상황은 전변일로에 있다.

경제 중심의 북한 연구는 바로 이러한 상황에서 기인한다. 90년대 세계 각국의 정책 기조는 '경제'라는 섹터를 제외하고는 도저히 설명될 수 없다. 과거의 국제사회를 정치를 통해 경제, 사회, 문화 등 다방면을 이해하는 구조로 본다면 오늘의 사회는 경제를 통하지 않고 정치나 사회, 문화까지의 이해 방법을 찾을 수 없다. 그러므로 경제가 중심 단어가 되는 시대로까지 정의 내릴 수 있다.

현 상황에서 북한 연구는 남한에서 흔히 이야기하는 평화 통일, 개방 유도, 실질적인 경협, 북한 이해 증진 등과 같이 목적이 다양화될 경우, 그에 따른 적절한 조치를 하기가 매우 어렵다. 그러다 보니 자연 한반도 당사국을 제외한 각국은 경제 연구의 비중을 보다 높이는 작업을 하고 있는 것이다. 실질적인 접근도 그 한 예에 속한다. 물론 경제가 모든 연구의 중점이 될 수는 없다. 그것은 과거 정치 측면의 고찰만이 북한을 들여다 볼 수 있는 유일한 대안이라는 식의 논리와 다를 바 없다. 종합적인 연구중에서 각 섹터의 비중을 보는 작업에 속한다. 그러므로 연구의 목적은 '북한에 대한 이해 증진 : 경제를 중심으로'가 되는 것이다.

아직 북한경제 연구에 대한 가닥은 잡혀 있지 않다. 단순한 통계상의 분석은 별 의미를 가지지 못한다. 통계 대로라면 이미 오래 전에 북한은 붕괴되었어야 하지만 그들은 여전히 미세한 변화이긴 하되 나름의 적응을 해오고 있다. '치기 어린' 행동이 있다 보니 그들의 대외 상식이 의심이 되고 그것이 자멸(自滅)로 이어질 거라는 예상을 가능케 하는 요소로 작용하기도 한다. 북한 붕괴론의 경우 그것은 급작하게 찾아올 수는 있어도 분석대로 찾아오진 못한다.

동구권 국가의 붕괴 시나리오를 아시아 공산주의에 그대로 적용하는 것은 의미가 없다. 왜냐하면 아직도 아시아 공산주의 국가 중 자체적인 붕괴를 맞은 나라가 없다는 점을 간과해서는 안 되기 때문이다. 적응도에 있어 아시아라는 지역사회 구조는 역시 동구 유럽적인 상황과 매우 다르다. 이 점은 추후 분석해 볼 가치가 큰 주제 중의 하나일 것이다.

연구대상 중 가장 먼저 떠오르는 것은 역시 북한식 경제 운용의 방법일 것이다. 일반적인 분석으로 사회주의 국가의 전형적인 계획 경제의 틀이 북한 내에서 어떻게 응용되고 있는지에 대한 연구는 매우 필요하다. 아울러 이를 통하여 최근 북한이 내놓는 각종 정책들의 틀이 어떻게 변화할 것인지를 예견해 볼 수도 있을 것이다. 예를 들어 '개방'이란 단어도 북한에서 사용할 경우 익히 외부에서 알고 있는 단어와는 다른 형태로 나타난다. 그것을 포착하는 작업도 만만치 않다.

북한 전체와 북한 각 지역의 경제 현황을 분석해 보는 것도 의미 있다. 북한을 지역 연구의 대상물로까지 볼 수 있는지는 여러 반론이 있겠지만 북한 전체의 연구를 위해서는 반드시 지역에 대한 산업 분포 혹은 현황에 대한 분석이 절실하다. 이 점은 그들이 구사해 온 계획 경제가 어떤 형태로 변형될 것인가를 지켜보는 관건에 속한다. 이를 통해 경제 운용의 메커니즘을 파악할 수도 있을 것이다.

기업별 연구도 이중 하나다. 북한의 기업은 대내, 대외 활동군으로 크게 대분된다. 현재 북한기업에 대한 연구는 매우 초보적이다. 이를테면 누가 무엇을 어떻게 하는 것인지는 외부의 접촉자를 통한 조각난 정보에 의존하여 입수되고 있을 뿐이다. 이마저도 사실상 몇년 전의 자료일 가능성이 매우 높다. 북한의 폐쇄성이 초래한 연구 부진이긴 하지만 끊임없이 이를 정리하는 작업이 필요하다.

대체로 이 정도의 연구가 선행되지 않고서 북한경제를 살펴본다는 것은 매우 힘들 것으로 생각된다. 과연 이들에 대한 연구가 어느 정도 진행되었는지는 의문이다. 이 부분에 대한 연구는 기초 연구의 핵심에 속한다.

그 동안 북한을 연구해 온 연구자들은 크게 국가 단위와 학계, 기업인의 세 부류가 있다. 국가 단위 속에는 한국을 포함한 일본, 미국, 중국 등이 있을 수 있고 그중에서도 일본의 연구가 상당함은 익히 알려진 사실이다. 조총련의 빈번한 북한 접촉은 파생되는 여러 정보의 취합을 가능케 했을 것으로 짐작된다. 중국의 경우는 사회주의 동맹국가로써 특히 중국 자체도 정보를 통제해 온 관례에 입각해서 북한 정보의 수집은 대단한 수준일 것으로 짐작되나 대외적인 공개물은 거의 없다시피 하다.

미국은 과거 북한 정보의 수집이 정치, 군사 등에 집중되어 있으면서 일본이나 중국에 비해 광범한 정보는 가지고 있을는지 모르나 세밀한 정보에서는 역시 뒤진다는 인상이다. 실제 서구적인 사고방식으로 북한을 분석하는 데는 여러 한계가 있다. 한국의 경우는 앞서 언급한 바와 같이 이데올로기적 차원의 연구가 많았고 경제 연구도 그 부속물 성격이 짙다.

경제라는 포커스에 맞추어 보면 90년대 들어 그 변화의 진폭이 커진 점에서 한국이나 미국 공히 북한 연구의 신분야에 가깝다. 연구 분야가 변화되는 상황에서 정확한 정보를 입수하기 위한 투자가 필요한 시기이기도 하다.

최근 들어 일부 사회상에 대한 연구 혹은 언론 보도들이 잇따르고 있지만 이것은 이념적 연구의 연장 선상에서 이해될 수 있을 뿐이다. 개념적 연구에만 치중하여 절대적인 필드 정보가 부족한 측면에서는 의미 있는 정보 공개이긴 해도 여전히 정치, 사회, 문화, 경제 등 각 분야가 실타래처럼 가닥가닥 꼬여 있다. 정리되지 못한 난삽한 공개로 인해 오히려 정리의 포인터를 흐트려 버린 점도 인정되어야 할 대목이다.

남한의 북한 연구에서 가장 문제가 되고 있는 부분은 바로 대외 정보의 결핍이다. 정부 소속 정보기관의 활동은 공개될 수 없는 부분이 많긴 하겠으나 학계 혹은 기타 조직의 활동이 활발한가 하면 그것도 아니다. 여러 단체 중 북한 연구를 위해 해외 상주 인원을 두고 있는 곳도 거의 없다. 그나마 있다 해도 북한 연구를 위한 조직은 아니다. 더욱이 엷은 북한연구층으로 인해 북한을 조명할 수 있을 만한 캐리어를 가진 인원들이 많지 않다.

북한은 이미 대미 접근 등을 통하여 대외 활동을 전개하고 있다. 그럼에도 막상 대외로부터 남한으로 유입되는 정보량은 극히 미세한 부분에 불과하다. 일례로 미국의 분위기마저 제대로 전달되고 있지 못하다. 철저한 정보 수집 능력의 빈곤성이 주목된다. 여러 이유가 있겠지만 역시 연구를 위한 대외 활동의 틀을 구비하지 못한 현실에서 그 이유를 찾아야 한다.

남한의 연구 현실을 각 부문별로 살펴보면 이점은 보다 명확해진다. 단적으로 지금 북한경제 연구는 이미 성수 대교뿐만 아니라 삼풍백화점이 무너졌을 정도의 극한 분석도 가능하다. 변명에 급급할 때가 아니라 국제간 문제의 해결이 이제는 '전쟁'에 준하여 고려될 정도로 정보의 중요성은 더해 가고 있다. 전쟁에서 이기지 못한다면 그 결과는 이미 정해진 것으로 봐도 무방하다.

남한 정부의 대북정책연구는 이러한 비판에 싸여 있다. 첫째, 장기 계획이 없다. 거대한 이슈로 제기된 통일론만이 유일하며, 이를 성취한다는 목표 아래 구체적인 계획의 설정이 되어 있지 못하다. 이로 인해 정권교체 때마다 접근 방법이 변화된다. 내부적으로도 의견 일치가 없다. 보수 강경, 보수 유화, 중도 유화적 성격의 논쟁이 끊이지 않는다. 필요에 따라 정책의 기조도 바뀐다. 이렇게 된 가장 큰 이유는 역시 장기적인 계획 부재에서 찾을 수밖에 없다.

둘째, 단견적인 대응에 급급한다. 한치 앞을 제대로 분석

못하고 있다. 핵(核) 문제를 지켜본 많은 식자층의 이야기를 주목할 필요가 있다. 예상하지 못한 수순은 아니라는 것이 대체적인 견해임에도 불구하고 대응은 역시 지나치게 눈앞의 사안만을 해결하려는 노력에만 치중했다는 비판을 받음 직하다. 그 결과는 '꽃놀이 패'를 모두 상대에게 넘겨주는 것으로 드러났다. 능동적이지 못하게 된 것이다.

셋째, 정보 채널의 한계가 뚜렷하다. 북한의 변화를 읽는 데 정확하지 못한 가십성 정보에 치중한 측면이 흔하다. 김정일의 개인 행적을 쫓는다거나 건강이상설, 난민대비설 등의 이른바 가지 정보(side information)를 통해 북한을 분석하려는 우를 범했다. 본류 정보(main information)에 대한 수집·분석 노력이 적었다. 그러므로 파생된 결과는 매우 심각할 정도임은 현 시점에서야 인지되고 있는 사항이다.

넷째, 대외관계 역학 분석에 미흡했다. 이미 한반도 문제는 우리만의 것이 아니다. 즉, 이해당사국의 숫자가 더욱 늘어나고 그에 따라 각국의 한반도 문제에 대한 접근 방법이 달라지고 있다. 북한도 그러한 기조에 의해 움직인다. 그러나 남한은 이미 수십 년간 내려온 전통적 접근 방법의 틀에 매달려 대외관계 변화라는 작금의 문제와 연계시키는 데 실패하고 있다.

정부 부처의 북한 업무에 대한 대처 현황을 살펴보면 쉽게 이런 사태의 이유를 짐작할 수 있다. 북한 업무의 창구라는 통일원의 경우, 경제라는 포커스를 통한 현상의 분석에 실패하고 있다. 물론 국내 정치 문제로 인해 무게가 덜 실린 측면이 없진 않지만 그렇다고 장기 정책을 내놓는 등의 노력조차 않은 것은 비판 대상이다. 대내 정치와의 지나친 연동 현상이 가져온 정책 결정, 실행권의 부족 현상 등으로 단순 창구 이상의 기능을 못하고 있다.

외무부의 경우, 북한 문제가 국제적인 이슈로 등장하는 과정에서 이에 대한 직관의 부족 현상이 뚜렷하다. 단순히 대미 일변도의 정책을 통해 핵문제 등을 해결하려는 노력으로 인해 현시점에서 수동적인 코너에 몰리는 현상은 외교상의 실패로까지 악평받을 소지가 크다. 무조건 우리의 외교 역량이 크다는 선전성 렉토릭은 이제 의미가 없다. 결과는 거짓을 말하지 못한다는 사실을 뼈저리게 느낄 대목이다.

청와대의 경우는 한국적인 정치구조하에서 국가 한 부문의 역할보다도 중요점이 있다. 그러나 다양한 정보의 수집, 분석에 실패했고 그것을 조정하는 기능과 효율적으로 대응하는 부분에서는 별반 역할이 없었다. 오히려 일부 잘못된 정보를 통한 정책 방향의 혼선을 조장한 측면까지 보인다.

안기부 등 정보기관의 역할은 해외 첩보 수집 능력의 현
저한 하락 현상이 눈에 띈다. 정보기관의 붕괴 혹은 일부 신
문이 표현한 복지부동 현상은 국내 분위기와 무관하지 않지
만 어떤 면에서 지나치게 발이 묶인 듯한 인상을 준다. 안기
부의 경제정보 수집 강화라는 이슈가 과연 효과를 볼 수 있
는가조차 의문시된 상황은 역시 그 동안 수집 정보의 타깃
이 경제와는 궤가 달랐다는 측면을 우려하는 말이다. 대외
정보의 수집 기능은 더욱 강화될 시점이지 약화될 시점은
못 된다.

학계의 경우는 정부 부문의 이러한 활동을 보조 혹은 지
원하는 성격을 다분히 띄고 있다. 그러나 정보 부재로 인하
여 '이론적', '학술적'인 면에 치중하는 현상을 보인다. 이를
테면 가지 정보를 확대 해석하는 행위도 다분히 빈발한다.
이는 정부와 기업 간의 긴밀한 가교 역할을 해야 할 학계의
실천 행위가 부족하다는 의미로 해석된다. 과거 냉전시대의
논리가 그대로 적용되고 있고 심지어는 정부의 잘못을 지적
하기보다는 동조하면서 대응책을 제시하지 않는 무사안일한
사태도 벌어진다. 일부 경우이긴 하지만 워낙 이 자료, 저 자
료의 무분별한 베끼기 사례로 인하여 90년대 초 미스프린팅
된 자료가 현 시점에서 그냥 사용되고 있는 경우도 있을 정

도다. 이런 상태에서 무엇을 연구한다는 것은 그야말로 모래 사장에서 바늘 찾기와 같은 격이다.

기업계도 무사안일은 마찬가지다. 흔히 담당 임원들이 사용하는 렉토릭 중에는 이런 말들이 있다. "작게 하나 크게 하나 잘못되는 것은 마찬가지니까…….", 혹은 "무조건 그들과 접촉해야만…….", "큰 기업이 나설 때가 성숙되어야만……." 등이 그것이다. 현실과 동떨어진 접근 태도나 유리식 사고방식에 젖어 정확한 잣대를 개발하지 못하는 한계도 보인다.

연구에 대한 투자도 고려치 않고 있다. 남한기업의 입장에서 북한에 대한 연구는 단순히 경제 목적만을 띄지 못함은 모두가 인지하는 사실이다. 소명 의식이나 책임 의식이 필요할 때다. 그러면서도 기업의 광고, 홍보 효과만을 노린 접근 현상은 대기업이나 중소기업 공히 거의 대동소이하다.

물론 정부의 눈치를 보아야 하는 입장은 이해가 된다. 이 부분이 순수 경제 차원의 접근을 막는 한계이기도 하다. 그럼에도 장기 전략의 부재는 기업에도 동일 적용된다. 10년을 보아도 시원치 않을 대북경제사업을 단기 성과에만 급급하게 이용하는 측면이 강하다. 채널 부재 현상도 마찬가지다. 몇몇 에이전트의 손에 한국기업의 대북 진출이 오가는 상황이 발생하고 있다. 기업의 진출 의지와 정부의 지원, 상황의 구성이란 3박자의 논리로 보면, 전술한 두 가지 측면이 모두 미비한 상황이다.

이러한 상황에서 북한경제 연구의 초점을 잡는 것조차 힘들지도 모른다. 결국 심층적인 연구라는 과제만 주어져 있다. 그중에서도 북한경제 일반, 산업, 기업, 북한 대외 경제동향 연구는 과제중의 가장 중점이 된다. 북한의 대외 수출 상품에 대한 연구 없이 우리의 반출입 혹은 가공무역, 개발 수입, 투자의 언급은 의미가 없다. 또한 필드 정보의 수집도 강화할 필요가 있다. 외국 기업의 진출 동향과 한국기업의 실질적 진출 방법을 찾는 작업도 이를 뒷받침하는 작업의 일환이다.

기초 조사의 성격을 가진 각 부문의 연구 없이 막연한 통일 대책을 논의하는 것은 별반 의미가 없다. 시기 불특정, 상황 불특정, 단순 예측 등 성격상 애매 모호한 연구 논의 혹은 조사 활동은, 일단 보류되거나 종합적인 관학민(官學民)의 통합 연구가 있어야 할 것이며, 이는 남·북한 간의 정치 분쟁적 현황하에서는 은밀한 장기 계획 수립으로 발전되어야만 한다.

북한에 대한 연구는 남한의 입장에서는 여타 국가에 비해 두 배 이상의 까다로움을 가지고 있다. 반면 수배 이상의 당위성이 있다. 분단국가라는 현실적 과제를 어떻게 극복할 것인가는 실제 순탄한 해법이 없다. '북한 연구 이대로 좋은가?'라는 질문의 결론은 이런 현상을 헤쳐나가는 새로운 정책적 대안에 대한 기대와 각 부문의 소명 의식 두 분야에서 찾아야 된다는 것이다. 그렇지 못하면 해결난망의 부정적인 의견으로 귀착하게 된다. 어떻게 극복할 것인가를 연구할 때다. 모두가 바뀌지 않으면 힘든 과제다.

3. 미국기업, 북한 진출 5대 전략[*]

1) 자원 개발 차원의 접근

북한은 설비, 기술, 자금 부족 등으로 말미암아 자원을 100% 활용하지 못하고 있다. 미국 기업은 자원 개발 방법론을 모색하는 일에서부터 판매망 구축에까지 관심을 쏟고 있다. 관건은 투입 대 산출을 대비한 사업 타당성 여부이다. 판로면에서는 미국 기업이 절대 유리하다.

1차 자원 개발과 관련해서는 코메탈 사와 미네랄 테크놀로지 사가 대표적이다. 미국 국무부는 지난 1월 20일 제네바 합의 후속 조처로 경제 제재를 완화한 적이 있는데, 그때 북한산 마그네사이트에 대한 수입 규제가 풀렸다. 이후 코메탈 사는 지난 2월초 처음으로 평양을 방문해 마그네사이트 수

---

[*] 북한 시장에 대한 미국 기업의 관심은 초보 수준에 머물러 있다. 미국 기업에 북한은 검증되지 않은 시장이기 때문이다. 그러나 최근 미국 기업들의 움직임을 보면 북한 진출이 상당히 현실감을 띠고 진행되고 있음을 알 수 있다. 이들의 움직임을 분석한다(시사저널 303호 게재, 1995. 8. 17).

입과 관련한 1차 협상을 했다. 4월 17일 미국 재무부는 코메탈 사에 대한 북한산 마그네사이트를 수입할 수 있는 사업 허가서를 내주었다. 이후 코메탈 사 관계자들이 다시 북한을 방문해 수입에 필요한 후속 조처를 취한 바 있다.

미네날 테크놀로지 사는 지난 6월 10일 조선무역촉진위원회 오태복 서기장 일행을 미국으로 초청, 마그네사이트 1천만톤을 북한으로부터 수입하기로 했다. 이 물량은 미국이 해외로부터 수입하는 양의 4분의 1에 해당한다. 앞으로 마그네사이트 수입 문제는 양국간에 협상할 여지가 계속 남아 있는 분야이다. 마그네사이트는 북한이 전세계에서 매장량 1위를 차지하고 있다. 북한의 마그네사이트 매장량은 65억톤 정도로 추정되며, 함경남도 단천군과 양강도의 백암·운흥 지역에 집중 매장되어 있다.

북한이 외국 기업과 합작투자해 개발하기를 원하는 대표적 광물질 가운데 하나가 이산화티탄이다. 현재 남포시에 있는 강서 수산광산의 이산화티탄 매장량은 3억3천만톤인데, 이산화티탄 정광을 매년 5천톤씩 생산하고 있다. 수산광산 외에도 평강광산에 2억톤 가량 매장돼 있고, 강령 앞바다 해변에는 이산화티탄이 1% 이상 함유된 모래가 상당량 깔려 있다. 강서 수산광산의 수송 조건이 좋기 때문에 북한 당국은 수산광산의 생산량을 늘리기 위해 투자를 유치하려 한다.

이밖에도 투자보다는 보상 무역 등 교역에 치중하는 '월드 스페셜 서비스 사'도 개발 교역의 한 단면을 보여주고 있다. 월드 스페셜 서비스 사는 포클랜드에서 운송 회사를 경영하고 있다. 텍사스 어빙에 본부가 있으며 '월드 웨이 사'의 자사로서 미국 10개 주에 지사가 있다.

이 회사는 지난 2월 28일 북한국제문제연구소 김충걸 부소장과 대성총국 전일춘 제1부회장을 초청하여 미국 곡물회사인 바틀렛 사로부터 미국산 옥수수 5만4천톤을 북한이 수입할 수 있도록 주선하기도 했다. 이 곡물은 3월 17일 카길 사의 곡물 선적 터미널에서 선적돼 3월 20일 그리스 선박 메트로폴리스호에 실려 북한으로 출발했다. 북한은 생산업자나 가공 회사와의 직접 협상 방식보다는 중개인을 통해 미국 곡물 시장에 접근하고 있다. 이들은 미국 곡물 시장에서 쌓은 노하우를 기반으로 하여 수입선을 찾고 있는 것이다.

2) 점진적 접근을 위한 거점 확보

평양 사무소 개설은 북한 시장에 접근하기 위한 거점을 확보한다는 점에서 미국의 기업이나 기관이 관심을 많이 갖고 있다. 금융계에서는 아메리칸 익스프레스 사, 언론 쪽에서는 CNN의 움직임이 활발하다. 이밖에도 상당수 기업이 관심을 기울이고 있다.

국제경영연구원은 머니그램 사로부터 위탁받아 머니그램 사의 평양 사무소 개설을 북한측에 타진한 바 있다. 북한에 대한 경제 제재가 완화될 때를 대비해 평양을 방문하는 미국인들의 현금 수송 및 아메리칸 익스프레스 카드를 사용하는 데 편의를 주기 위해서이다. 그런데 신용카드에 대해서는 예상보다 빨리 사용 제한이 해제됐기 때문에 현재는 아메리칸 익스프레스 카드 사용 쪽에 초점을 맞춰 협상을 진행하고 있다.

현재 북한은 국제 카드 회사들로부터 리스크가 높은 국가로 분류돼 있어 카드 발급은 허용하지 않고 사용만 허락한 상태다. 이에 따라 비자카드 사는 프랑스의 BFCE 은행 싱가포르 지점을, 마스타카드 사는 말레이시아의 MBF 은행을 내세워 북한의 대외무역 은행과 업무 제휴를 통해 신용카드 소지자들이 북한내 호텔·백화점·음식점 등 30여 가맹점에서 신용카드로 결제할 수 있도록 하고 있다.

북한내 신용카드 거래 규모는 작년 초까지만 해도 월평균 4만 달러에 불과했지만 올해는 월평균 거래가 10만 달러를 넘는 등 빠른 성장세를 보이고 있다. 비자카드나 마스타카드

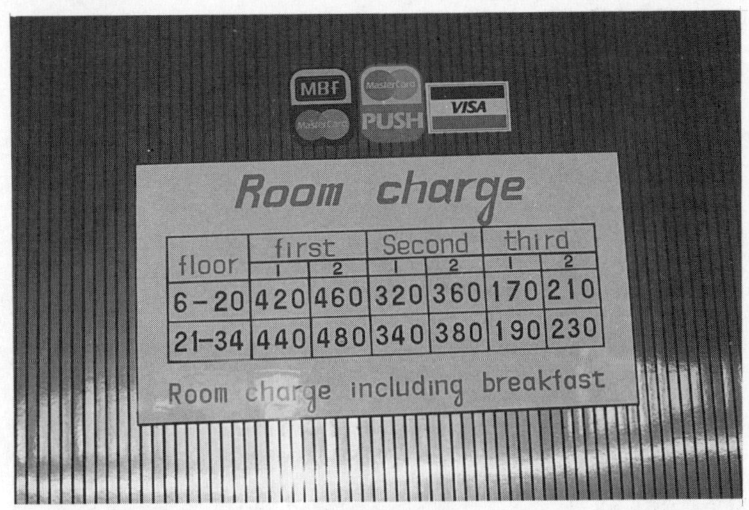

floor	first		Second		third	
	1	2	1	2	1	2
6-20	420	460	320	360	170	210
21-34	440	480	340	380	190	230

북한 호텔 내부 룸 차지(Room charge) 안내도. 안내도 위에 사용 가능한 신용카드가 명시돼 있다.

사는 특히 나진·선봉 지대 등 개방 지역의 외국 업체 근무자나 북한 고위층 중 신용카드 사용자 수가 늘어날 것으로 보고, 카드 발급 업무도 취급할 수 있도록 북한 당국과 접촉하고 있다.

조르단 국제 담당 부사장을 포함한 CNN방송 간부들이 지난 5월 평양을 방문했다. CNN 측은 이번 방문에서 북한 당국과 평양지국 개설을 협의했다. 미국 언론 가운데 유독 CNN이 북한 당국으로부터 호의적인 반응을 얻는 것은, CNN측이 김주석 사망에 조의를 표했고 북한에 대해 다른 미국 언론사보다 우호적이기 때문이다.

3) 본격 투자 준비

앞으로 북한의 경제 개발 최우선 과제는 사회 기반 시설을 확충하는 문제이다. 통신 분야의 AT&T 사나 MCI 사, 에너지 분야의 스탠턴 그룹 등이 사회 기반 시설 분야에 깊이 참여하고 있다. AT&T 사의 북한 접촉 창구 및 프로젝트 추진 상황은 다음과 같다.

첫번째는 'AT&T 커뮤니케이션 서비스 그룹'이다. 지난번 직통 전화 개설도 이 그룹이 추진했다. 직통 전화 개설은 현재 북한과 추진 중인 30여 개발 계획 중 초보적인 것이다. AT&T 사는 애초 경수로협상 등 미·북한 관계의 추이를 지켜보면서 5월초에나 직통 전화를 개통한다는 계획으로 북한측과 협상해 왔다. 이 과정에는 일본의 국제 전신 전화 회사인 'KDD 사'가 AT&T 사의 북한측 계약사인 파이컴퓨터 사 간의 중개 역할을 맡았다.

2월 18일부터 북한과 수차례 전문을 교환하던 AT&T 사는 3월 15일 평양으로부터 중요한 전문을 받았다. 그 내용은 "귀사는 5월 1일부터 우리측과 직통 전화를 개시하기를 원한다고 했지만, 우리는 4월 10일께부터 서비스가 개시되어

The Korea Times Los Angeles Edition 1995년 4월 15일자에 실린 AT&T사의 북한 장거리전화 서비스 실시를 알리는 광고.

야 한다는 견해를 밝히는 바입니다."라는 내용이었다. 이로써 통화 개설 시간이 앞당겨지게 됐다.

두번째 그룹으로는 'AT&T 네트워크 시스템즈 그룹'이다. 이 그룹은 통신 기자재 및 장비 판매를 담당하고 있는데, 앞으로 북한과의 협상에서 중요한 협상 파트너로 떠오를 것으로 전망된다.

현재 북한이 주로 사용하는 통신 장비는 일본제 구형 아날로그 방식인데, 이를 미국식 통신 체계로 바꾸지 않고서는 선진국과의 통신에서 상당한 어려움이 예상된다. 따라서 북한은 이 통신 체계를 바꾸는 데 필요한 상당량의 통신 장비를 구입할 것이다.

MCI 사측은 2월 14일 미국 기업인 방북단에 참여해 북한에 들어갔다. MCI측은 그때 북한측에 나진·선봉지대에 위성 텔레커뮤니케이션 시설을 세우겠다고 제안했다. 또 직통 전화 및 팩스서비스를 개설하는 데 필요한 업무 협의도 마쳤다. 방북단에 같이 참여한 통신장비회사인 '컬럼비아 커뮤니케이션 사'는 텔레커뮤니케이션 장비 및 시설 설비부문에 참여하기로 결정하기도 했다. 그런데 AT&T 사와 MCI 사의 북한 프로젝트 담당자들이 지난 5월 13일부터 19일까지 평양을 방문해 북한 당국자와 다음과 같이 합의했다.

즉, '통신서비스는 AT&T와 MCI 양사로부터 공동으로 받으나 통신 장비는 AT&T 사 제품을 구입한다'는 것이다.

핵발전 부문의 경우 미국 정부는 이미 한국의 원전 사업에 참여한 경험을 갖고 있는 웨스팅하우스 사 및 관련 업체들을 북한 핵문제 해결 과정에 감독 회사로 참여시키려 하고 있다. 또 이와 함께 비핵발전 시설을 북한에 확충시켜 주기 위해 노력하고 있다.

에너지 부문의 스탠턴 사는 북한에 진출한 최초의 미국 기업이다. 지난 1월 19일 미국 상원 에너지위원회에서 행한 스탠턴 그룹 브라운 사장의 증언에 따르면, 스텐턴 그룹은 지난해 10월 제네바합의서에 서명한 직후 북한의 요청에 따라 고위 경제인사 및 기술자 팀을 북한에 파견했다.

당시 스탠턴 팀은 북한의 전력사업과 항만시설에 대한 현장 조사를 2주일에 걸쳐 했고, 전력 생산 분야에 참여하기 위한 계획을 세워 미국 정부로부터 승인을 얻은 것으로 알려졌다. 스탠턴 그룹이 당시 세운 계획은 전력생산, 정유, 산업발전, 개발 등 세 가지 분야이다.

당시 브라운 사장이 밝힌 바에 따르면, 발전 부문에서는 스탠턴 사가 나진·선봉 지대에 있는 가동 중지된 2백MW

급 화력발전소를 인수해 우선적으로 이 지역에 전력을 공급하고, 차후 다른 발전소는 북한에서 생산하는 연료를 이용해 발전하도록 하는 계획을 세웠다. 이런 방식을 통해 유엔개발계획(UNDP)이 두만강개발계획에 제시한 두만강 지역 전력 공급 문제를 해결하려는 것이다.

발전 설비를 가동할 자금은 스탠턴 사가 정유 시설들을 재정비해 정제한 석유를 세계 시장에 판매해 확보하는 방법을 모색하고 있다. 원래 계획상으로는 5월 중에 유럽에서 원유를 처음으로 도입해 이를 정제한 뒤 석유 메이져들에게 전량 수출할 예정이었다. 이를 위해 필요한 조처는 모두 끝낸 상태다. 앞으로 추가되는 발전 설비 자금은 정유공장을 확대해 마련하려고 한다.

또한 스탠턴 사는 북한과 협의해 나진·선봉 지대에 대한 투자를 늘릴 계획을 세우고 있고, 이런 계획들을 실행에 옮기기 위해 미국 해외자산통제국의 규제 법안들을 철폐해 달라고 미국 상원에 요청했다. 나진·선봉의 정유·발전 개발사업을 담당하는 주체는 북한의 조선 설비 회사와 스탠턴 그룹이 합작한 '설비 - 스탠턴개발회사'가 될 것으로 알려지고 있다.

스탠턴 그룹과 북한의 인연은 1992년 유엔이 주최한 두만

강 개발 모임에서 스탠턴 그룹이 두만강 개발에 대한 청사
진을 제시하면서부터이다. 그러던 중 지난해 제네바합의 이
후 양측의 관계가 급진전돼 스탠턴 그룹 전문가들이 나진·
선봉 지대의 발전·정유·경공업 개발 등 3대 종합 계획을
수립하게 된 것이다.

현재 북한에는 정유공장이 두 군데 있다. 하나는 중국의
원유를 들여와 정제하는 신의주 인근의 봉화정유공장이고,
다른 하나는 스탠턴 그룹이 재가동을 시도하고 있는 나진·
선봉 지대의 승리화학정유공장이다. 스탠턴 그룹의 진단에
따르면, 승리화학정유공장의 휴업은 기술적 문제보다는 경
화가 부족해 정유를 확보하지 못했기 때문이라고 한다.

한국기업과 연계해 북한에 진출하려는 미국 기업도 있다.
그러나 한국 정부가 민간 기업의 북한 진출에 대해 정치적
선행 조건을 계속 내세우는 한 돌파구를 마련하기가 쉽지
않은 상황이다.

4) 조사 활동 강화

미국 기업들 중에는 단기적으로는 북한 시장에 대해 회의
적이지만 장기적 전망에서 시장 구조 변화 예측 및 진출 시
기를 놓고 활발히 조사 활동을 벌이고 있는 기업이 많다. 현

재는 단순한 관심 차원을 넘어 사업 초기 단계에서 나타나는 양상을 띠고 있기도 하다. 주먹구구식의 조사가 가진 위험성을 탈피한다는 점에서 오히려 이런 활동이 바람직한 점도 있다. 북한도 지금까지 결벽증에 걸린 것처럼 대외 공개를 꺼려오던 전례를 깨고 자료 제공과 실지 조사 기회를 기업들에게 줄 필요가 있다.

5) 지역 협력 구도 고려

미국 기업 가운데 아시아·태평양 지역 본부를 운영하는 기업들은 대체로 지난해 이후 미국 본사의 지시에 따라 북한 시장 진출을 정책 과제로 설정해 두고 있다. 그러나 그 동안은 사업 진행을 위한 인맥 연결, 사업성 검증 같은 실질적 활동은 많지 않았다.

최근 북한에 대한 이들 지역 본부들의 관심이 점증하고 있다. 분야도 다양하다. 농업 등 1차 산업에서부터 금융·제조업·통신·전자 부품·에너지·광고, 그밖에 하이테크 분야에 이르기까지 광범위하다. 대북 사업이 미국 본사의 정책 지시 차원에서 아시아·태평양 지역 본사 차원으로 이전하고 있다는 점은 미국 기업의 북한 진출이 한 단계 격상하고 있다는 것을 보여주는 것이다.

　현재 미국 기업들은 북한의 개방 정책에 대한 기대와 우려를 동시에 가지고 있다. 행보 역시 매우 조심스럽다. 그러면서도 미국 기업들의 속성 가운데 하나인 장기적 안목에 입각한 투자는 지금 미·북한 관계에서 새로운 이슈로 자리 잡고 있다. 따라서 정부 차원의 접근이 일단락 되면 첨예한 경쟁 시대가 반드시 올 것이다. 이때 쯤이면 미국 기업의 북한 시장 진출이 본격화될 것임이 분명하다.

4. 북미 경협과 북한 투자 진출 전망[*]

1) 한성렬 유엔 주재 북한 대표부 공사 참사

북한의 자립적 민족경제 건설이 결코 다른 나라들과의 경제 협조 배제를 의미하지는 않는다고 하고 완전한 평등과 호혜의 원칙하에 다른 나라들과의 경제 기술 교류와 협조를 발전시키는 것이 일관된 북한의 정책이었고 이에 기초하여 자유경제무역지대 개발과 합영합작정책이 나온 것이다.

이 지역에 관하여, 매해 약 1백여 개의 외국 투자 대표단 거의 1천여 명이 현지를 참관하고 있는데 1994년만 해도 10여 개 대상에 2억 달러 분의 계약을 맺었다. 1992년 스칼라피노 교수가 미국 아세아협회 대표단을 이끌고 이곳을 처음으로 방문한 이래, 미국 '니코'회사, '스탠톤 그룹', '머피 그

---

[*] 이 글은 미국 국제경영연구원 주최로 지난 8월 3일부터 4일까지 양일간에 걸쳐 미국 로스 엔젤레스에서 열린 '대북투자세미나'에 참가한 미국과 북한의 고위 관계자 및 전문가들의 발표 내용을 요약한 것이다.

1995년 8월 3일부터 4일까지 미국 로스엔젤레스 하바드 그랜드호텔에서 열린 국제경영연구원 주최의 '대북투자 세미나'의 광경.

룹' 등 미국 회사들이 이 지역을 방문하였다. 이밖에도 '제네 랄 모터스', '포드' 사 등 많은 미국 회사들과 개별 기업들이 북한을 방문, 투자 의향을 밝혔다.

1991년 이후 정무원 결정을 통하여 나진·선봉시를 자유 경제 무역 지대로 정한 이후 1992년 개정 헌법 및 1992년 10월 외국인 기업법, 합작법, 투자법이 제정되었고, 1993년 외국인 투자 기업 및 외국인 세금법, 자유경제무역지대법 등이 제정되었다. 1994년 조국 통일을 위한 전민족 대단결 10대 강령에 따라 통일 전 및 이후에도 계속하여, 국가 소유, 협동

소유, 및 사적 소유를 모두 인정하고, 외국 자본, 재산 보호를 특별 지시하였다. 미국 기업, 특히 미주 동포 기업들의 북한 투자는 북미 경제관계뿐만 아니라 양국간 정치외교 관계 수립에 유리한 환경을 조성하여 주고 나아가 핵문제 해결과 한반도의 긴장 완화 및 동북아 안정에도 기여할 수 있다.

미국은 북한에 대한 제재 조치를 조속히 전면 철폐하여야 한다. 지난 1월의 대북한 경제 조치 완화 이후에도 아무런 혜택을 주지 못하고 있다. 미국은 1천4백만 달러 상당의 북한 해외 재산 동결을 아직까지도 해제하지 않고 있고, 제3국 은행에서의 북한의 달러 결제를 여전히 허용하지 않고 있다. 미국은 상호 신뢰 구축을 촉구하는 제네바합의에 따라 미국 기업인들의 대북 직접 투자와 직접 무역을 허용해야 한다. 그러나 현 상태에서도 미국 기업들은 사안별로 미국 정부의 허락을 받아 대북무역교류를 촉진할 수 있다.

2) 데이빗 브라운 머국 국무부 한국 과장

미국은 대북 경제관계 개선에 조심스럽게 접근하고 있으며 아직도 관계 정상화를 위해선 선결되어야 할 정치적 문제들이 많다. 미국의 대북 경제정책으로 지난해 10월 제네바 협정 이후 대북 무역 장벽을 제거하기 위한 다각적인 방안

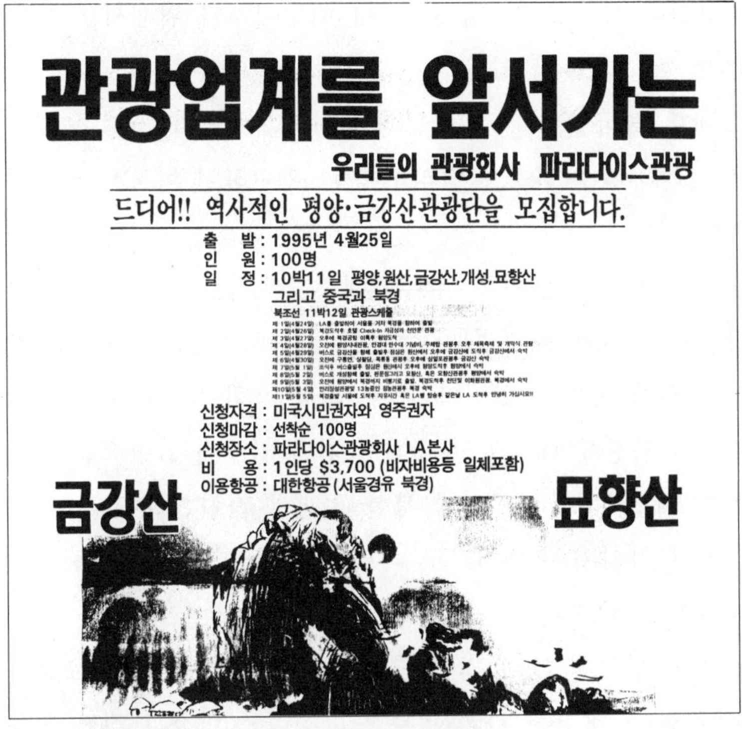

미주판 중앙일보에 실린 파라다이스 관광회사의 북한 관광단원 모집 광고.

이 모색되었지만 북한과의 외교, 정치상의 기술적 문제로 완전한 무역 개방이 이루어질 수 없게 되었다. 현재는 여행, 정보 교환 등의 기본적인 분야에만 제한 조치를 풀어놓고 있는 상태이고 물품의 수입, 수출 분야에는 미정부의 해외 자산 통제국에서 모든 업무를 관리하고 있다.

완전한 북·미 간 경제협력이 이루어지기 위해서는 선결돼야 할 과제들이 있다.

첫째, 한국전 참전 미군들의 유해 및 실종자 처리 문제들을 조사하기 위한 조사단의 방문과 관련하여 협조가 이루어져야 한다.

둘째, 유도탄 무기를 비롯한 대량학살 무기들의 전면 수출 금지를 포함한 국제 테러 방지를 약속하는 북한 정부의 명백한 입장 표명이 있어야 한다. 미국 국회에서는 이 문제에 관한한 북한에 대하여 상당히 강경한 입장이 일반적인 경향이기 때문에 미국 국회의 북한 정책에 관련한 부정적 시각들을 무마하기 위해서라도 이런 정책 표명은 바람직하다고 본다.

셋째, 남북한 평화 정착을 위한 대화 채널을 모두 오픈하여야 한다. 북한은 한국 정부를 따돌리고 미국과 직접 모든 것을 해결하려고 하는데 이는 바람직하지 못하다. 한반도에서 긴장완화를 위한 남북한 대화에 참여하려는 노력을 보이지 않고서는 북·미 간 경제교류의 진전에는 문제가 많다.

넷째, 비록 북한의 내부 문제이기는 하지만 북한의 인권 문제를 개선하려는 노력을 기울여야 한다. 개별적인 북한 투자 및 무역에 관하여서는 항시 미국 재무성 및 상무부에 문의를 통하여 진행시켜야 한다.

3) 앤드류 린턴 벨재단 연구원

북한체제가 곧 붕괴되거나 붕괴를 가져 올 수 있는 위기 상황인 것 같지는 않다. 경제가 과거 만큼 원활히 운영되고 있지 않은 것은 사실이지만 과거의 동구 사회주의 국가들의 체제붕괴를 가져왔던 것 같은 정치 경제적 위기가 있는 것 같지는 않았다. 아마도 그 이유는 본인이 보기에 사회적인 단결력이 강하기 때문인 것 같다. 그러므로 무정부 상태나 혼란이 있지는 않다. 각 분야를 살펴보면, 경공업 분야의 경우 나진·선봉 지역이 외국 투자가들에게 혜택이 많고 자유스러운 기업 활동이 보장되어 있고 이윤 보장 장치가 마련되어 있다고 하지만, 북한의 다른 지역 역시 국제적인 무역 활동이 진행되고 있다. 봉제 분야의 경우는 가공무역의 형태로 합작 합영이 많이 진행되고 있고, 남한, 유럽 등지로의 수출이 나진·선봉 지역 외에서도 진행되고 있다.

신발 산업의 경우 내수용으로 주로 생산되고 있지만 외국 시장에 수출하기에는 적절한 생산 능력을 갖추고 있다. 또한 공예품들의 경우에는 상당히 우수한 기술에 근거하여 좋은 공예품들이 많기 때문에 앞으로 투자 가치가 높은 분야로 평가되고 있다. 북한의 무역상사들은 산업 특별화가 잘되어 있고, 무역 업무에 대한 이해 수준도 과거의 일본, 동유럽 및 서유럽 국가와의 무역을 토대로 높은 편이다.

농업 분야의 경우 한국이 과거 20년 전에 경지 효율화 및 생산성 증대를 가져오기 위해 노력하였던 것처럼, 경작지 효율화의 노력을 기울이고 있는 모습이 역력하다. 아마도 경작 가능 농경지의 부족에서 비롯되는 것 같다. 또한 원유 수급의 문제로 유기비료의 생산에 문제가 많은 것으로 보인다. 이런 이유에서 농업 생산능력의 저하가 가속되었던 것으로 보인다. 주식인 쌀 이외에도 부식인 옥수수, 콩류의 생산도 저하되고 있고, 육류의 공급도 부족 현상을 빚고 있다.

본인의 견해로는 미국이 곡물류의 경작에 있어서 탁월하기 때문에 이 분야에 있어서의 관계 협력 증진 가능성이 가장 큰 분야로 생각된다. 중공업 분야의 경우 북한은 중공업 중심 발전을 주 경제발전 전략으로 채택하였기 때문에 상당한 발전이 있었던 분야이다. 시멘트 및 철강 생산, 마그네사이트를 비롯한 각종 광물류의 생산에 있어서 탁월하다. 정보 산업의 경우 본인은 컴퓨터센터를 방문하였는데 생각하였던

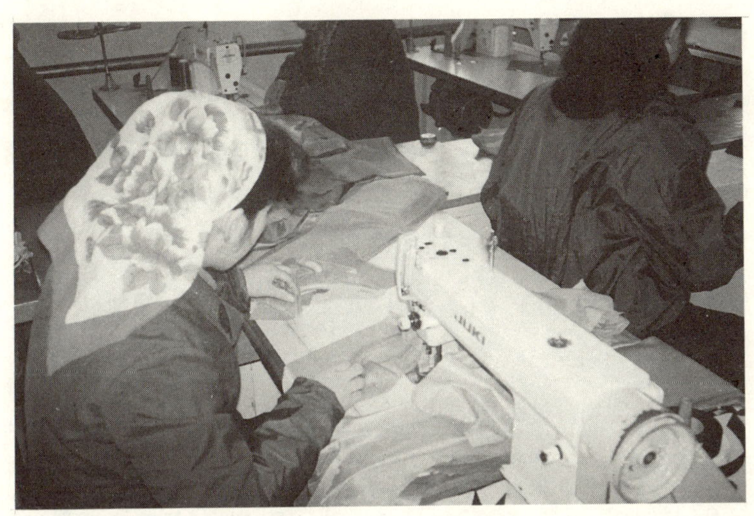

북한 공장에서 일하고 있는 미싱사들의 모습.

것보다 많은 장비들을 갖추고 있었고 소프트웨어의 개발 분야에 있어서는 어느 정도 능력을 갖추고 있는 것으로 보였다. 즉, 하드웨어의 생산은 아니더라도 소프트웨어의 생산 및 훈련은 가능해 보였다.

북한 당국자의 말로는 북한의 최고 두뇌들이 이 분야에 집중되어 있어서 일종의 '팀스피리트'가 진행되고 있다고 한다. 소매업 분야의 경우 미국의 월마트나, 코스코 등과 같은 대형 체인점들이 없고, 각종 백화점에서는 제한적인 물량이지만 동남아시아에서 생산된 각종 과자류, 중국산 제품, 일본산 전자 제품, 심지어 미국산 선키스트, 워싱톤주 사과 및 주류들이 눈에 띄었는데 아마도 제3국을 통하여 반입된 것으로 보였다. 여러 상품들이 판매용으로 진열되어 있는데 소매점은 무엇을 상품 진열대에 놓을 것인가에 대하여 선별 결정을 내리고 있는 것으로 알려지고 있다.

운송 분야의 경우 기초적인 도로망은 갖추고 있고 초현대식은 아니더라도 어느 정도의 일반적 운송은 가능한 체제를 유지하고 있다. 전화통신의 경우도 기본적인 전화통신, 팩스 교신이 평양 및 주요 도시에서는 가능한 것으로 고찰되었다. 금융 분야의 경우 정산 업무 및 감독을 맡은 중앙은행이 있고, 이 은행 산하에 외국 화폐 환전을 맡고 있는 외국인 무역은행과 준사립은행들이 있다. 또한 네덜란드 계 ING가 지점을 개설하여 놓고 있는데 이처럼 외국 금융기관의 설립 역시 허용되고 있다. 중앙은행의 관리 및 무역부 직원, 무역 촉진위 간부 등 이 분야에서 일하는 인력들은 서방세계의 비즈니스 문화 및 자신들의 경제에 대하여 이해 정도가 높았다.

신용카드 사용에 있어서 유럽 은행들이 발행한 신용카드들은 사용 가능하였지만 미국 은행 발행 신용카드의 경우는 사용할 수 없었다. 상점에서는 이런 이유에서 상점에서 받을 수 있는 신용카드 번호 목록이 비치되어 있었다. 미국 신용카드의 사용이 불가능한 이유는 미국의 은행들과 북한 은행 간에 업무 공조체제 협력이 이루어지지 않았기 때문으로 본다. 마스터카드나 비자카드는 원래 미국을 포함한 유럽 각국들의 신디케이트 체제로 운영되고 있는 데 비해 북한과 같은 나라에서의 실제 사용은 국가간 양국 은행간의 공조 체제 확립이 있어야만 하기 때문이다. 이 공조 체제의 확립 후 미국이 발행한 카드를 사용할 수 있다.

결론적으로 북한을 단순히 서방에서 이해하고 있는 식으로 주체주의에 입각한 철두철미한 사회주의 국가로만 판단하여서는 문제가 있다는 것이다. 북한이 말하는 주체는 경제 산업 분야가 국가 관리로 운영되고 있다손 치더라도 자기 식으로 발전하여 독립할 수 있는 방법에 기초하여 경제를 관리하자는 것이다. 그러므로 단순히 사회주의식의 경제 논리를 답습하려는 식으로 보아서는 안 되고 이 체제 안에서는 많은 융통성이 있을 수 있다.

또한 북한과의 경제교류 확대에는 단순히 법적인 관계사항만을 완벽이 하는 것 외에 신뢰 및 인간 관계를 쌓아 나가야 하는 것이 중요하다. 이런 교류 및 신뢰 확대를 기초로

하여 더 큰 분야에서의 교류가 가능하다고 본다.

4) 고든 프레이크 한국경제연구소 연구원

70년대까지는 북한이 남한보다 앞섰다. 그러나 80년대 초반 이후 남한이 경제 성장을 더 이루어 나갔다. 무역 부문에 있어서도 보고되지 않고 있는 무역량도 있고, 중국, 소련이 주요 무역상대국이지만 남한이 3번째의 주요 무역 대상국으로 위탁가공업에 있어서 많은 신장을 보이고 있다. 이번에 룩펠러 재단의 자문관으로 방북하였다. 북한내 백화점에서 일본 및 미국산 제품들의 가격이 크게 미국, 일본 내 가격과 다르지 않았다는 점이 이상스럽게 느꼈다. 경화를 늘려나가기 위해서는 수입품들에 대한 가격이 높아야만 했는데 그렇지 않았다.

북한 지역 내에 있는 다양한 모습을 보지는 못하였기 때문에 본인의 견해를 전 북한 지역에 일반화하기에는 문제가 있듯이, 북한 일부 지역에서 거주하다 탈출하는 북한 주민들의 견해를 갖고 북한 전체를 일반화하는 것도 문제가 있다. 현재로서 방북 후 느낀 소감은 북한이 상당히 미국과의 관계 개선을 원하고 있는 것이 사실이란 점이다. 식량문제가 큰 것으로 외부에는 보도되었지만 크게 심각한 식량 부족을 겪고 있는 것처럼은 보이지 않았다. 또한 북한의 식량문제는 과거부터 계속된 문제이기 때문에 어떤 면에서는 새로운 것이 아니다. 또한 에너지 부족 문제도 현실에서 크게 눈에 띨 만큼 그렇게 심각한 것 같지는 않아 보였다.

5) 세미나에서 제기된 질의 응답

질의 : 북한은 왜 나진·선봉만 개방하려 하는가?

응답 : 나진·선봉을 자유무역 지구로 개발하려는 것은 우리의 필요에 의해서고 경제 개발을 위해 일정 거점을 먼저 개발하는 것은 세계적인 추세다. 남측도 한때 울산만을 중점 개발하였지 않는가?

질의 : 북한 내에 투자한 부문에 대해, 혹은 무역 거래에 있어서 중국처럼 중앙은행이 보증하는 제도를 만들려는 의도는 없는가?

응답 : 지금 현재로서는 없다. 보증하는 방안을 찾아볼 수도 없을 것이다. 그러나 미국 측에서도 이에 상응하는 보증 장치가 있어야 한다.

질의 : 북한에 정말로 소매시장이 있는가?

응답 : 북한 거리를 지나칠 때에 미국에서 흔히 볼 수 있었던 것처럼 쇼핑백을 들고 다니는 주민들을 거의 보

지 못하였지만, 그렇다고 전혀 소매시장이 없는 것은 아니다. 북한은 풍부한 자본주의 국가가 누리는 정도는 아니지만 균등한 범위 내에서 필요한 필수품들에 대해서는 공급을 해주고, 그외에도 소매점들이 각 지방에 마련되어 있어서 이를 통하여 소매 행위가 이루어지고 있다.

질의 : 투자의 관건은 투자 공장 내의 노동자들에게 일할 수 있는 인센티브를 제공하여 생산성 향상을 이루는 것인데 얼마 만한 인센티브를 제공하고 있는가?

응답 : 소위 자본주의식 물질적 인센티브 제도가 전혀 없는 것은 아니다. 휴가 및 보상제가 있는데 이는 어디까지나 정신적인 인센티브 위에 기초하고 있다. 물질적인 인센티브만으로 노동력 향상을 가져오는 것도 언제나 한계가 있는 것이다. 그러나 이것이 정신적인 인센티브 위에서 융합되어 이루어질 경우에는 보다 효율적으로 이루어질 수 있다.

북한 비즈니스 35계

1995년 10월 20일 초판 1쇄 발행

지 은 이 : 권오홍
펴 낸 이 : 홍 석
펴 낸 곳 : 도서출판 풀빛
주   소 : 서울시 서대문구 북아현 3동 176 - 87 능안빌딩 3층
전   화 : (영업부) 363 - 6972 (편집부) 362 - 8900
팩   스 : 393 - 3858
출판등록 : 1979년 3월 6일 제8 - 24호

저자와의
협의 아래
인지 생략

ⓒ 1995 권오홍

● 값 7,000원

잘못된 책은 바꾸어 드립니다.